Die Aufgaben
der
Staatsprüfung
für den
höheren Justiz- und Verwaltungsdienst
in Bayern.

1919

Heft 2: Prüfung Herbst 1919.

Mit amtlicher Erlaubnis.

München 1919.
J. Schweitzer Verlag (Arthur Sellier).

Die

Staatsprüfungs-Aufgaben

im Jahre

1919.

Druck von Dr. F. P. Datterer & Cie., Freising.

Inhalt.

Die Aufgaben

der juristischen

Universitäts-Schlußprüfung

in Bayern

Jahrgänge 1921—1929

Mit amtlicher Erlaubnis

München 1929

J. Schweitzer Verlag (Arthur Sellier)

Die Aufgaben
der juristischen
Universitäts-Schlußprüfung
in Bayern

Jahrgänge 1921—1929

Mit amtlicher Erlaubnis

München 1929
J. Schweitzer Verlag (Arthur Sellier)

Inhalt.

Druck von Dr. F. P. Datterer & Cie., Freising-München

Ordentliche Universitätsschlußprüfung 1921.

Aufgabe I.

Der Kaufmann Anton Hüber in Felden erwarb auf Grund Kaufvertrags von dem Baumeister Müller das in Felden gelegene Anwesen Haus-Nr. 20, als dessen Eigentümer er im Grundbuch eingetragen wurde. Auf dem Anwesen lastete eine Hypothek ohne Brief für 10000 RM. Kaufpreisrestforderung des Privatiers Wagner in Oberhausen, die Anton Huber in Anrechnung auf den Kaufpreis übernahm. Bei der Hypothek war im Grundbuch eingetragen, daß sich der Eigentümer die Befugnis vorbehalten hat, eine andere Hypothek in Höhe von 5000 RM. in Vorrang eintragen zu lassen.

Anton Huber schuldete dem Gastwirte Reiter ein Darlehen von 5000 RM. Zur Sicherung dieses Darlehens bestellte er dem Reiter in einer notariell beglaubigten Eintragungsbewilligung an dem erworbenen Anwesen eine Hypothek ohne Brief, der er auf Grund des im Grundbuch eingetragenen Vorbehalts den Rang vor der Kaufpreisresthypothek von 10000 RM. beilegte. Die Erklärung händigte er dem Reiter aus. Dieser reichte die Erklärung bei dem Grundbuchamt ein mit dem Antrage, die Hypothek nebst Rangbestimmung in das Grundbuch einzutragen. Bald darauf wurde über das Vermögen des Anton Huber das Konkursverfahren eröffnet. Das Grundbuchamt, das von der Konkurseröffnung keine Kenntnis hatte, gab dem Antrag des Reiter statt. Zur Durchführung des Konkursverfahrens kam es in der Folge nicht, da das Verfahren auf Antrag des Anton Huber mit Zustimmung der Konkursgläubiger eingestellt wurde.

Einige Zeit nach der Konkurseinstellung nahm Anton Huber gemeinschaftlich mit seinem Bruder Michael Huber unter samtverbindlicher Haftung ein Darlehen zu 4000 RM.

von dem Händler Stein auf. Für dieses Darlehen, das in zwei jährlichen Teilbeträgen von 2000 RM. rückzahlbar war, bestellte Anton Huber dem Stein an seinem Anwesen eine Hypothek ohne Brief. Wagner trat unter Zustimmung des Anton Huber mit seiner Hypothek zu 10000 RM. hinter die für Stein bestellte Hypothek im Range zurück. Die Hypothekenbestellung nebst der Rangausweichung wurde in das Grundbuch eingetragen. Als der erste Darlehensteilbetrag zur Zahlung fällig wurde, ersuchte Anton Huber, der augenblicklich über flüssige Geldmittel nicht verfügte, seinen Bruder Michael Huber, den Gläubiger Stein zu befriedigen. Michael Huber kam dem Ersuchen nach und führte den Betrag von 2000 RM. an Stein ab.

Wagner trat in der Folge seine Hypothek zu 10000 RM an den Landwirt Stelzner ab, worüber gleichfalls Eintragung in das Grundbuch erfolgte.

Einige Zeit darauf wurde das Anwesen des Anton Huber zum Zwecke der Zwangsversteigerung beschlagnahmt und um den Betrag von 10000 RM. dem Meistbietenden zugeschlagen. Auf den Versteigerungserlös machten Reiter, Stein, Stelzner und die beiden Brüder Huber Anspruch. Reiter begehrte Befriedigung an erster Stelle, Stein nach Vorrang der 5000 RM. des Reiter. Dagegen machte Stelzner geltend, daß ihm nur die Hypothek des Stein, die nach der Teilzahlung des Michael Huber noch 2000 RM. betrage, im Range vorgehe; er erklärte, daß er die Hypothek des Reiter nicht anerkennen könne, weil die Hypothekenbestellungserklärung durch die vor dem grundbuchamtlichen Vollzug erfolgte Konkurseröffnung hinfällig geworden sei, überdies Anton Huber gar nicht befugt gewesen sei, den für den früheren Eigentümer eingetragenen Rangvorbehalt auszunutzen. Michael Huber beanspruchte für 2000 RM. Befriedigung aus dem Versteigerungserlös unter Hinweis auf die an Stein geleistete Teilzahlung. Diesem Antrage trat Anton Huber entgegen mit der Behauptung, daß die 2000 RM. ihm zukämen, da die Hypothek Eigentümergrundschuld geworden sei, soweit Zahlung erfolgt sei.

1. Wie ist der Versteigerungserlös unter Berücksichtigung der erhobenen Ansprüche und der hiergegen geltend gemachten Einwendungen zu verteilen? Zinsen und Kosten haben außer Betracht zu bleiben.

2. Wie hätte das Grundbuchamt auf den Antrag des Reiter, die Hypothek zu 5000 RM. nebst Rangbestimmung einzutragen, verfahren müssen, wenn es von der Eröffnung des Konkursverfahrens über das Vermögen des Anton Huber Kenntnis gehabt hätte?

Würde die Entscheidung anders zu lauten haben, wenn das Konkursverfahren über das Vermögen des Anton Huber

a) zwar nach der Abgabe der Eintragungsbewilligung jedoch vor Einreichung des Eintragungsantrags des Reiter,

b) schon vor der Abgabe der Eintragungsbewilligung eröffnet und dies dem Grundbuchamte bei Eingang des Eintragungsantrags bekannt gewesen wäre?

Arbeitszeit: 4 Stunden.
Hilfsmittel: Jaeger, BGB. mit Nebengesetzen.

Aufgabe II.

Die Ehefrau Mayer in Mannheim, ohne Ehevertrag seit 1915 verheiratet, ist Eigentümerin eines dort gelegenen, schon vor der Ehe bei der Allianz in Berlin gegen Feuer versicherten Hauses. Als dieses zur Hälfte niederbrennt, erhebt Frau Mayer beim Landgericht Mannheim Klage gegen die Allianz auf Zahlung einer Entschädigungssumme von 15000 RM. Der Anwalt der Allianz verweigert die Einlassung aus zwei Gründen. Einmal bestimme § 17 der Allgemeinen Versicherungsbedingungen, daß der Schaden durch beiderseitig zu ernennende Sachverständige verbindlich festgestellt werde, was im vorliegenden Fall noch nicht geschehen sei, dies begründe die Einrede des Schiedsvertrags. Sodann fehle der Klägerin die Prozeßfähigkeit, da das Haus zu ihrem eingebrachten Gut gehöre. Auf Antrag des Anwalts der Klägerin wird die Sache vertagt. Dieser legt im nächsten Termine zwei öffentlich beglaubigte Urkunden vor, eine als Gutachten bezeichnete Erklärung des Architekten M., der darlegt, daß der Schaden die Höhe der Klagsumme erreiche, sowie eine Erklärung des Ehemanns der Klägerin, daß er ihrer Klage zustimme. Der Anwalt der Beklagten hält die Einrede des Schiedsvertrages aufrecht und widersetzt sich der in der nachträglichen Zustimmung des Ehemannes liegenden Klagänderung. Überdies erhebt er die Einrede der Unzuständigkeit. Der klägerische Anwalt erwidert, nach dem Prinzip der freien Beweiswürdigung könne der Schaden durch jedes Mittel bewiesen werden. Die Nachholung der ehemännlichen Genehmigung sei erlaubte Replik oder aber zulässige Ergänzung der tatsächlichen Ausführungen, erschwere jedenfalls nicht die Verteidigung des Beklagten. Eine Zuständigkeit in Mannheim sei begründet nach § 26 und 829 ZPO.

I. 1. War die Ehefrau zur Einklagung der Entschädigungssumme selbständig befugt?
2. Konnte die beklagte Gesellschaft wegen Mangels der Zustimmung des Ehemanns die Einlassung verweigern?
3. Ist die nachträgliche Beibringung der Zustimmung statthaft?

II 1. Begründet § 17 Versicherungs-Bedingungen die Einrede des Schiedsvertrages?
2. Wird die vorgesehene Schadensfeststellung durch die Äußerung des Architekten M. ersetzt?
3. Um welches Beweismittel handelt es sich bei der Vorlegung dieser Äußerung?

III. 1. Ist die Einrede der Unzuständigkeit begründet?
2. Ist sie rechtzeitig erhoben?

Hilfsmittel: Jaeger, Reichszivilgesetze.
Arbeitszeit: 4 Stunden.

Aufgabe III.

I.

Der schwer erkrankte Kaufmann Eugen Stepp ließ seinen Neffen, den praktischen Arzt Dr. Karl Roll rufen. Stepp klagte u. a. über Schlaflosigkeit, verursacht durch qualvolle Schmerzen. Roll sah sofort, daß hier mit einem Schlafmittel eingegriffen werden müsse und verschrieb Morphium, aber in einer Dosis von solcher Stärke, wie sie der menschliche Organismus nicht ertragen kann. Der Apotheker Heinrich Merk, zu dem das Rezept geschickt wurde, fertigte genau nach diesem die Arznei an. Stepp nahm diese zu sich, schlief bald darauf ein und wachte nicht mehr auf. Es besteht kein Zweifel, daß der Tod durch die übergroße Dosis Morphium herbeigeführt worden ist.

Wie sind die Handlungen des Roll und des Merk strafrechtlich zu beurteilen:

1. Wenn der Arzt sich aus Versehen verschrieben hat, dem Apotheker aber es wohl ersichtlich sein konnte, daß die Dosis zu stark sei und leicht den Tod bewirken könne?

2. Wenn der Apotheker die Gefahr nicht erkennen konnte, im übrigen aber die Sache wie zu 1 lag?

3. Wenn Dr. Roll, da er seinen Onkel Stepp, bald beerben wollte, mit vollem Bewußtsein und mit dem Willen, daß Stepp dadurch den Tod finde, die übermäßig starke Dosis verschrieben hat, bei Merk aber entweder die Sachlage wie zu 1 oder zu 2 bestand?

4. Wenn Dr. Roll sich lediglich versehentlich verschrieben hat, Merk aber, damit der ihm verhaßte Stepp daran sterbe, die Dosis Morphium so, wie das Rezept es vorschrieb, hergestellt hat?

5. Wenn Roll mit Tötungsvorsatz, Merk nur aus unentschuldbarem Versehen handelt, Stepp er, der einige medizinische Kenntnisse besaß, die Todesgefahr erkannte und, um seinen qualvollen Schmerzen durch einen raschen und sanften Tod ein Ende zu machen, das Morphium zu sich nahm?

6. Wenn auch Merk mit Tötungsvorsatz handelte, im übrigen aber der Sachverhalt der zu 5 beschriebene war?

II.

1. Angenommen, das Hauptverfahren wurde gegen Roll und Merk eröffnet und in der Hauptverhandlung beantragte Merk, den Roll eidlich als Zeugen darüber zu vernehmen, daß er, Merk, bei Ausübung seines Berufes immer sehr sorgsam zu Werke gegangen sei; wäre diesem Antrage stattzugeben? Unter welcher Voraussetzung etwa?

2. Den Fall Roll-Merk hat als Staatsanwalt Robert Streng bearbeitet. Dieser vertritt auch in der Hauptverhandlung die Anklage. Mitglied des erkennenden Gerichts ist u. a. Franz Held, der erst kürzlich Landgerichtsrat geworden ist, vorher Staatsanwalt war und als solcher in Vertretung des Ersten Staatsanwalts die Ladung der Zeugen zur Hauptverhandlung in dieser Sache unterzeichnet hat. Beide Angeklagte greifen das Urteil mit Revision an und rügen die Mitwirkung des Landgerichtsrates Held bei ihrer Aburteilung. Hat dieses Rechtsmittel Aussicht auf Erfolg?

Arbeitszeit: 4 Stunden.
Hilfsmittel: Allfeld, Strafgesetzgebung.

Aufgabe IV a.

Der Stadtrat der unmittelbaren Stadt N. hat auf Grund des § 24 der Ministerialbekanntmachung betreffend Maßnahmen gegen Wohnungsmangel vom 10. August 1920 („Stadträte und Gemeinderäte können zur Durchführung der Vorschriften dieser Bekanntmachung allgemeine Anordnungen erlassen. Diese bedürfen der Genehmigung des Ministeriums für Soziale Fürsorge“) mit Genehmigung des Ministeriums für Soziale Fürsorge eine ortspolizeiliche Vorschrift erlassen des Inhaltes, daß es den auswärtigen Spediteuren verboten sei, einen Möbeltransport zum Zwecke eines Umzuges in eine Wohnung der Stadt N. auszuführen, und daß auch die Spediteurre der Stadt N. dies nur mit Genehmigung des städtischen Wohnungsamtes tun dürfen.

Die Spediteursvereinigung des Landes will sich das nicht gefallen lassen; sie erblickt darin eine Verletzung des Grundsatzes der Gewerbefreiheit und wendet sich an ihren Rechtsanwalt um Auskunft, was sie gegen diese ortspolizeiliche Vorschrift tun könne.

Welche Auskunft hat der Rechtsanwalt zu geben:

1. In Beziehung auf die behauptete Rechtswidrigkeit der polizeilichen Vorschrift.

2. In Beziehung auf die Mittel und Wege, die der Spediteursvereinigung gegen die polizeiliche Vorschrift zu Gebote stehen?

Die Rechtsgültigkeit der Ministerialbekanntmachung vom 10. August 1920 ist zu unterstellen.

Hilfsmittel: Buchert.
Arbeitszeit: Für IVa und IVb zusammen 4 Stunden.

Aufgabe IV b.

Die unmittelbare Stadtgemeinde Würzburg beabsichtigt, zur Durchführung ihres vom Stadtrate beschlossenen Stadterweiterungsplanes die Fortsetzung der Ortsstraße A. in östlicher Richtung und hat zu diesem Zweck die erforderlichen Grundstücke bis auf zwei von den bisherigen Privatgrundbesitzern erworben. Es fehlen ihr noch das Ackergrundstück a des Rentners N. und das Wiesengrundstück b des Bauern P. N. und P. lassen sich auf eine vertragliche Abtretung nicht ein. Für ihre Grundstücke sind Baupläne ausgearbeitet. N. beabsichtigt, sein Grundstück a mit einem größeren Wohnhaus zu bebauen und hat mehrere Käufer in Aussicht. P. beabsichtigt, auf seiner Wiese eine Gärtnerei anzulegen und hat bereits ein kleines, dort befindliches landwirtschaftliches Stadelgebäude mit einigen

Nebengebäuden als Gärtnereigebäude eingerichtet und einige Beete nebst Brunnen angelegt.

Die Stadtgemeinde Würzburg will nun gegen N. und P. das Enteignungsverfahren einleiten und beansprucht die den Straßenkörper schneidenden Teile der Grundstücke a und b für ihr Unternehmen. N. und P. widersetzen sich dem Enteignungsanspruch.

N. macht geltend: Wenn ihm der den Straßenkörper schneidende Teil seines Baugrundes weggenommen würde, bleibe ihm nur noch so wenig Boden zu Eigen, daß darauf ein Wohnhaus überhaupt nicht mehr errichtet werden könne, er verlange deshalb, daß ihm entweder das ganze Grundstück belassen oder ungeteilt abgenommen werde.

P. macht geltend: Sein Gärtnereianwesen sei ein zusammenhängendes Ganzes und werde durch die Straße im Fall der Abtretung des beanspruchten Teiles derartig zerschnitten, daß die Gebäude vom Hauptteil des Gartens in einer den Betrieb der Gärtnerei ausschließenden Weise getrennt würden. Würde die Straße um sein Gebäude herumgeführt, so würde sie ihrem Zweck ebensogut dienen und dann bedürfte es einer Wegnahme seines Grundbesitzes überhaupt nicht.

Die Stadt macht gegen N. geltend: Das Vorbringen des N. sei zwar zutreffend, es bestehe aber einerseits für den Straßenbau kein Bedürfnis zur Erwerbung des ganzen Grundstückes a und eine Bebauung des kleinen im Abtretungsfalle dem N. verbleibenden Grundstückteiles könne andrerseits vorläufig ohne Schaden auf sich beruhen. Später aber könne eine solche Bebauung dadurch ermöglicht werden, daß N. entweder diesen Grundstücksteil an den Eigentümer des hinter seinem Besitz gelegenen Grundstückes verkaufe oder daß er selbst dieses Grundstück erwerbe.

Gegen P. macht die Stadt geltend, die Umgehung des Anwesens b sei untunlich, einmal weil dadurch die Straße in einer den Verkehr erheblich beeinträchtigenden Weise aus der geraden Linie abgebogen werden müsse und sodann weil die Stadt alle übrigen für die gerade Durchführung der Straße erforderlichen Gründe schon erworben habe.

1. Wie sind die Einwendungen des N. und des P. und die Gegenvorstellungen der Stadt sachlich zu beurteilen?

2. Welches ist das Verfahren, in dem die Stadt Würzburg ihre Enteignungsansprüche gegen N. und P. durchzuführen hat?

Hilfsmittel: Buchert mit Novelle zum Zwangsabtretungsgesetz (s. Nachtrag).

Arbeitszeit: Für IVa und IVb zusammen 4 Stunden.

Auszug

aus dem Gesetz vom 9. Mai 1918 über die Abänderung des Zwangsabtretungsgesetzes vom 17. November 1837 (GVBl. 1918 S. 289).

Art. I.

Ziffer 1. . . . .

Ziffer 2. . . . .

Ziffer 3. Ziff. 5 des Art. I Buchst. A erhält folgende Fassung:

Anlegung neuer und Änderung bestehender Staatsstraßen und Distriktsstraßen sowie von Ortsstraßen und öffentlichen Plätzen innerhalb von Ortschaften mit mehr als 5000 Einwohnern.

Ziffer 4. . . . .

Ziffer 5. Dem Art. I Buchst. A b werden folgende Sätze beigefügt:

Die Entschädigung ist jedoch für die Abtretung von Grundeigentum zu Ortsstraßen und öffentlichen Plätzen innerhalb der Ortschaften — Buchstabe A Ziff. 5 — im Falle der Erschließung neuer Bauanlagen dann ausgeschlossen, wenn für die neue Bauanlage der Baulinienplan und die Bebauungsweise bereits festgesetzt sind und wenn hiernach der im Baugelände verbleibende Teil des Grundstückes zu einer selbständigen Bebauung noch geeignet ist und zwar insoweit, als die Abtretungsfläche 25 Prozent des Gesamtgrundstückes nicht übersteigt.

Die Gemeinde ist jedoch befugt, durch örtliche Satzung die Pflicht zur unentgeltlichen Abtretung bis zu 40 Prozent der Gesamtgrundstücksfläche zu erhöhen. Die Erlassung und Änderung dieser Satzung unterliegt der staatsaufsichtlichen Genehmigung.

Bemerkung: Weitere Vorschriften des Gesetzes vom 9. Mai 1918 kommen nicht in Betracht.

Außerordentliche Universitätsschlußprüfung 1921.

Aufgabe I.

Der Kaufmann Joseph Aichinger und seine Ehefrau Barbara, deren beide Eltern leben und die am 4. November 1920 ihr 20. Lebensjahr vollendet hatte, ein jung verheiratetes Ehepaar ohne Ehevertrag, kauften am 10. Mai 1920 von dem Rentier Cajetan ein Haus in notarieller Urkunde. Der Notar nahm irrtümlich an, daß Frau Aichinger bereits 21 Jahre alt geworden sei. Die Ehegatten erklärten im Kaufvertrag den Kaufpreis von 180000 ℳ zur gesamten Hand zu schulden und derart zu berichtigen, daß sie 70000 ℳ bar bezahlen und eine auf dem Grundstück lastende Buchhypothek eines Herrn Dimmer übernehmen.

Aichinger bezahlte die 70000 ℳ mit Geld, das er je zur Hälfte aus eigenen Mitteln und aus dem im eingebrachten Gut der Ehefrau befindlichen Bargeld entnahm. Die Ehegatten wurden am 15. Mai 1920 als Eigentümer je zur Hälfte im Grundbuch eingetragen. Am 1. Juli 1920 bezahlte der Ehemann 2200 ℳ Zinsen — die Kapitalertragssteuer bleibt außer Betracht — an Dimmer; das Geld entnahm er vollständig aus dem Barbestande des eingebrachten Gutes. Hierbei erklärte Dimmer dem Aichinger mündlich, er werde sich künftig nur an die Ehegatten halten.

Am 13. November 1920 erfährt der Vater der Ehefrau von dem Handel; er ist damit nicht einverstanden. Frau Aichinger möchte aber „ihr Wort halten".

Wie gestaltet sich ihre Rechtsstellung gegenüber Cajetan und Dimmer:

a) wenn sie ihre Absicht ausführt,

b) im entgegengesetzten Fall?

Die nur zwischen den Ehegatten bestehenden Rechtsbeziehungen brauchen nicht erörtert zu werden. Insoferne es darauf ankommen sollte, ob Aichinger Rechtskenntnisse besaß, sind diese ihm nicht zuzumuten.

Arbeitszeit: 4 Stunden.
Hilfsmittel: BGB.

Aufgabe II A.

Der Kaufmann K. klagt gegen den Arzt Dr. B. auf Zahlung des Kaufpreises für einen Schreibtisch. B. bleibt im Verhandlungstermin aus. Kann er durch Versäumnisurteil verurteilt werden oder welche Entscheidung hat das Gericht zu treffen:

1. wenn K. gar nicht die Lieferung des Tisches behauptet?
2. Wenn aus K.s Vorbringen sich ergibt, daß der Tisch noch nicht geliefert ist?
3. Wenn K. in der Klagebegründung vorträgt, B. sei zwar früher entmündigt gewesen, aber nicht mehr zur Zeit des Kaufabschlusses, während der Richter das Gegenteil weiß, weil er B.s Verhältnisse infolge gesellschaftlicher Beziehungen kennt, oder weil er Vormundschaftsrichter ist?
4. Wenn der Richter weiß, daß B. noch jetzt entmündigt ist?
5. Wenn der behauptete Kaufpreis ganz ungewöhnlich hoch erscheint?

Was können K. und B. gegen die Entscheidung tun?

Arbeitszeit: 2 Stunden.

Aufgabe II B.

Die Firma „F. Huber & Cie." in München hatte Herrn Lustig unter der Bedingung engagiert, daß er auf Reisen nur Provision von den abgeschlossenen Geschäften, während der Tätigkeit im Geschäft in München dagegen ein festes Tagegeld bezog.

Lustig bereiste eines Tages auch die Stadt E. Auf dem Bahnhofsvorplatz engagierte er sich einen Dienstmann „für den ganzen Tag" gegen einen festen Lohn von 10 RM., um ihm seine Musterkoffer zu den Kunden nachzufahren. Als es 7 Uhr abends schlug und Lustig noch Kunden besuchen wollte, erklärte der Dienstmann, daß „der Tag" beendet sei, und er seinen Lohn von 10 RM. verdient habe; weitere Dienste verweigerte er. Als Lustig darauf bestand, und vorher Zahlung ablehnte, nahm der Dienstmann einen Musterkoffer an sich und erklärte, daß er ihn bis zur Bezahlung zurückbehalten und sich, wenn nicht innerhalb 24 Stunden Bezahlung erfolge, durch Verkauf befriedigen werde.

Wie sind die Rechtsverhältnisse zu beurteilen?

Arbeitszeit: 2 Stunden.

Aufgabe III.

Der Bürgermeister Georg Vogel in Weidenhausen fungierte bis Anfang Juni 1916 als Postagent in Weidenhausen. Als solcher war er durch Handschlag an Eides Statt auf gewissenhafte Ausführung seiner Dienstobliegenheiten verpflichtet. Um sich einen Nebenverdienst zu verschaffen, beschäftigte er sich auch vielfach mit der Besorgung von Rechtsangelegenheiten. Ende Mai 1916 zeigte ein früherer Schreiber des Vogel, Heinrich Wendel, den jener wegen vielfacher Mißhelligkeiten aus seinem Dienste entlassen hatte, dem Postamte in X. an, daß die Kasse der Postagentur in Weidenhausen nicht in Ordnung sei, und reichte zugleich auch wegen einer anderweitigen Verfehlung des Vogel eine Anzeige bei der Staatsanwaltschaft ein.

1. Da schon mehrfach Unregelmäßigkeiten im Dienstbetriebe des Vogel vorgekommen waren, wurde am 5. Juni 1916 eine Revision der Postagenturkasse vorgenommen.

Der Revisionsbeamte ließ sich von Vogel den Kassenschrank öffnen, zählte den Barbestand auf den Tisch und verglich ihn mit den Büchern. Dabei ergab sich ein Fehlbetrag von 148 Mk.

Während der Revision entfernte sich Vogel auf eine Viertelstunde, ging nach seiner Rückkehr nochmals zum Geldschranke, öffnete ein Gelaß desselben, tat, als ob er noch Geld daraus hervorhole und brachte noch 148 RM. zum Vorschein. Er hatte mittlerweile diese Summe von seinem Schwager, dem Gastwirt Joseph Schreiber in Weidenhausen auf inständiges Bitten zur Verdeckung des Fehlbetrags erhalten.

Die beabsichtigte Täuschung des Revisionsbeamten gelang aber nicht. Über die Entstehung des Fehlbetrages gestand Vogel dem Beamten ein, daß er im Laufe des April und Mai 1916, um dringende Schulden zu decken, dreimal Geld, im ganzen 48 RM., aus der Postkasse entnommen und daß er weiter am 28. Mai für seine eigene Rechnung 100 RM. durch Postanweisung an den Kaufmann Specht in Y., dem er diese Summe schuldete, gesandt habe; er habe diese 100 RM., obwohl er sie in das Postannahmebuch eingetragen, in die Postkasse wirklich nicht eingelegt.

Die Auszahlung an Specht an der Postkasse in Y. ist erfolgt. Der stark verschuldete Vogel wäre ohne Hilfe seines Schwagers zum Ersatze des Fehlbetrags außerstande gewesen.

2. Der Anzeige des Wendel an die Staatsanwaltschaft lag der folgende, durch die Untersuchung bestätigte Sachverhalt zugrunde:

Am 21. April 1916 kam der Arbeiter Gottfried Blatte in das Geschäftszimmer des Vogel, traf dort dessen Ehefrau an und bat um Aufnahme einer Klage auf 45 RM. gegen Johannes Klapp in Y. Frau Vogel füllte ein Klageformblatt aus, und ließ es durch Blatte unterzeichnen zum Zwecke direkter Absendung an das Amtsgericht Y. Als Vogel nach seiner Rückkehr selbst die Klageschrift prüfte, fand er sie unbrauchbar, äußerte zu dem Schreiber Wendel: „das müssen wir anders machen", erfragte von diesem den von Blatte vorgebrachten Klagegrund, verfertigte eine richtig gefaßte Klageschrift und unterzeichnete sie mit verstellter Handschrift „Gottfried Blatte". Diese Klageschrift ist beim Amtsgericht Y. am 25. April 1916 eingegangen.

Nachdem Vogel von der Anzeige des Wendel bei der Staatsanwaltschaft Kenntnis erhalten hatte, legte er am 3. Juni 1916 dem die Sache gar nicht erfassenden Blatte eine Vollmacht zur Unterschrift vor, des Inhalts, daß er, Vogel, berechtigt sein solle, für Blatte, aufzunehmende Eingaben an die Gerichte mit dessen Namen zu unterzeichnen. Blatte unterschrieb ohne Bedenken und Vogel versah dann ohne Wissen des Blatte die Urkunde mit dem Datum des 21. April 1916. Im Strafverfahren hat er zu seiner Entlastung diese Vollmacht vorgelegt.

I. Welche Straftaten fallen dem Vogel zur Last?

II. Hat auch der Gastwirt Joseph Schreiber sich strafbar gemacht?

Die Antworten sind zu begründen.

Hilfsmittel: Allfeld, Strafgesetzgebung.
Arbeitszeit: 4 Stunden.

Aufgabe IV.

(Es sind sämtliche Unteraufgaben zu bearbeiten).

I.

S., der mit seinen Unfallentschädigungsansprüchen von den zuständigen Instanzen abgewiesen worden ist, glaubt, daß er seine Ansprüche nicht verloren hätte, wenn bei seinem Unfalle der Vorstand des bayerischen staatlichen Hüttenamts in P., Bergmeister R., es nicht unterlassen hätte, die ihm obliegende Anzeigepflicht zu erfüllen. S. beabsichtigt wegen des Schadens, den er durch die angeblich pflichtwidrige Unterlassung des R. erlitten haben will, den bayerischen Staat zivilgerichtlich zu belangen und hat daher die Vorentscheidung des bayerischen Verwaltungsgerichtshofs über das dienstliche Verschulden des N. beantragt.

Welche Frage hat der Verwaltungsgerichtshof bei Prüfung seiner Zuständigkeit zu würdigen?

Wie muß die Prüfung der Zuständigkeit ausfallen?

II.

Die Stadtgemeinde X. ist Eigentümerin eines kleinen Flusses, der das Weichbild der Stadt durchfließt. Sie richtet auf den ihr gehörenden Wiesen am oberen Laufe des Flusses einen Sportplatz ein und beabsichtigt zu diesem Zwecke in dem Flüßchen, das den Sportplatz durchströmt, eine Badeanstalt zu errichten. Zu diesem Behufe soll in das Bett ein schwimmender Fußboden eingehängt werden. Dagegen wenden sich die Eigentümer einiger an dem Flüßchen gelegener Triebwerke, weil hiedurch eine für ihre Triebwerke schädliche Stauung entstehe. Hiedurch würden ihre Interessen und wohlbegründeten Rechte schwer verletzt.

Die Triebwerkbesitzer wünschen Auskunft über die Rechtslage sowie darüber, vor welcher Behörde sie ihre Ansprüche durchfechten können.

III.

Der Schneidergeselle Albrecht Winkler besitzt bayerische und sächsische Staatsangehörigkeit und hat seinen Unterstützungswohnsitz in Nürnberg. Seit 1. August 1919 hat er seinen ständigen Aufenthalt in der bayerischen unmittelbaren Stadt Z. Im September 1919 erwirbt er in Niederösterreich ein ländliches Grundstück und beabsichtigt nach Österreich auszuwandern. Zu diesem Zwecke reist er anfangs Oktober 1919 dorthin und bewirbt sich dort bei der zuständigen Stelle um Verleihung der österreichischen Staatsangehörigkeit. Alsbald wieder nach Z. zurückgekehrt, richtet er an den Stadtrat Z. das Gesuch, neben der österreichischen die bayerische Staatsangehörigkeit beibehalten zu dürfen. Beiden Gesuchen wird stattgegeben, und zwar wird ihm die österreichische Staatsangehörigkeit durch Beschluß der zuständigen Stelle vom 21. Oktober 1919, zugestellt am 25. Oktober, verliehen, während seinem Gesuche um Beibehaltung der bayerischen Staatsangehörigkeit durch Beschluß des Stadtrats Z. vom 30. Oktober 1919, zugestellt am 4. November 1919, entsprochen wird.

Winklers Auswanderung nach Österreich verzögerte sich aus geschäftlichen Gründen. Am 30. April 1920 wurde er wegen Betrugs zu 6 Tagen Gefängnis strafgerichtlich verurteilt; das Urteil wurde rechtskräftig und vollstreckt. Am 10. Juni 1920 wurde er aus dem Gefängnis entlassen.

Durch Beschluß des Stadtrats Z. vom 24. Juni 1920 wurde Winkler als staatsgefährlicher Umtriebe dringend verdächtigt und unter Bezugnahme auf seine Verurteilung wegen Betrugs aus Z. und Bayern auf 2 Jahre ausgewiesen.

1. Besitzt Winkler am 24. Juni 1920 die bayerische und sächsische Staatsangehörigkeit?

2. Ist eine Ausweisung aus Z. und Bayern zu Recht erfolgt?

3. Welches Rechtsmittel steht ihm gegen den Ausweisungsbeschluß zu?

Zu I, II, III: Die Antworten sind zu begründen.

Hilfsmittel: Buchert, Verwaltungsgesetze.
Reichsversicherungsordnung vom 19. Juli 1911 (RGBl. S. 509)
Staatsangehörigkeitsgesetz vom 22. Juli 1913 (RGBl. S. 583).
Bayerisches Aufenthaltsgesetz vom 21. August 1914 (G. u. VBl. 1915 S. 590).
Bayerisches Armengesetz vom 21. August 1914 (G. u. VBl. S. 551).
Reichsverfassung vom 11. August 1919 (RGBl. S. 1383).

Arbeitszeit für I, II und III zusammen 4 Stunden.

Ordentliche Universitätsschlußprüfung 1922.

Aufgabe I.

Der Metzgermeister Kraft fuhr an einem Samstagnachmittag mit seinem dazu eingeladenen Geschäftsfreund, dem Viehhändler Huber, auf seinem Wagen spazieren. Eingespannt war sein einziges, stets in seinem Geschäft verwendetes Pferd, ein kräftiges, junges, aber gut gezogenes und sonst ruhig gehendes Tier. Als ein außerordentlich großer und schwerer Lastkraftwagen der Adamwerke Akt.-Ges. — der zwar auf ebener Bahn eine Stundengeschwindigkeit von 30 km entfalten kann, aber in der polizeilich erlaubten Stundengeschwindigkeit von 8 km fuhr — mit sehr starkem Lärm vorüberkam, scheute das Pferd und ging durch. Der des Weges kommende Arbeiter Helf warf sich ihm entgegen, wurde aber bei seinem vergeblichen Rettungsversuch ein Stück mitgeschleift und blieb verletzt liegen. Das Pferd rannte schließlich auf einen entgegenfahrenden Wagen der städtischen elektrischen Straßenbahn zu, dessen Lenker sofort beim Anblick der nahenden Gefahr bremste. Dies gelang indessen nicht mehr vollständig; beim erfolgenden Zusammenstoß wurde Huber aus dem Wagen geschleudert und tödlich verletzt, ebenso erlitt die auf der Plattform des Straßenbahnwagens stehende Frau Jung, Ehefrau des Kaufmanns Jung und mit diesem im gesetzlichen Güterstand lebend, erhebliche Quetschungen.

Bei keinem der beteiligten Fuhrwerkslenker ist ein Verschulden anzunehmen.

1. Können Helf, die Witwe des Huber und Frau Jung Schadensersatzansprüche erheben und gegen wen?

2. Bestehen Rückgriffansprüche?

3. Wie wird der Rechtsanwalt des Ehepaares Jung bei der Klageerhebung die Klagepartei bezeichnen?

Hilfsmittel: Jaeger, Reichszivilgesetze.
Arbeitszeit: 4 Stunden.

Aufgabe II.

Der Privatier Klein erhob gegen den Kaufmann Beyer Klage zum Amtsgericht Kirchzell auf Zahlung von 350 Mk. Die Klage wurde damit begründet, daß der Beklagte dem Kläger zwei längst rückzahlbare Darlehen von 200 Mk. und 150 Mk. schuldet. Der Beklagte Beyer ließ darauf dem Klein einen Schriftsatz zustellen, in welchem widerklageweise die Verurteilung des Klägers zur Zahlung von 150 Mk. Kaufpreisrestschuld für jüngst gelieferte Waren beantragt wurde.

Im Verhandlungstermine waren beide Parteien durch Anwälte vertreten. Für den Kläger trug Rechtsanwalt Dr. Frank Klage nebst Klageantrag vor. Namens des Beklagten beantragte Rechtsanwalt Dr. Stein die Abweisung der Klage und führte hierzu aus:

„Der Betrag von 200 Mk. sei wohl dem Beklagten von dem mittlerweile verstorbenen Vater des Klägers, dessen Alleinerbe der Kläger sei, behändigt worden. Hierbei habe es sich aber nicht um ein Darlehen, sondern um eine Schenkung aus Erkenntlichkeit für erwiesene Gefälligkeiten gehandelt. Zum Beweise dafür, daß der Beklagte den Betrag von 200 Mk. schenkungsweise erhalten hat, schiebe er dem Kläger den Eid zu.

Den Betrag von 150 Mk. habe der Beklagte, was nicht bestritten werde, von dem Vater des Klägers als Darlehen erhalten. Allein der Beklagte glaube sich bestimmt erinnern zu können, daß er dem Vater des Klägers den Betrag zurückgezahlt habe. Er sehe deshalb dem Beweis entgegen, daß die klägerische

Forderung zu Recht besteht. Im übrigen schulde der Kläger dem Beklagten noch die Kaufpreisrestschuld von 150 Mk. Sollte das Darlehen wider Erwarten nicht zurückgezahlt sein, so werde gegen die Darlehensforderung des Klägers von 150 Mk. mit dieser Kaufpreisrestforderung des Beklagten von gleichfalls 150 Mk. aufgerechnet. Anderenfalls werde widerklageweise beantragt, den Beklagten zur Zahlung von 150 Mk. zu verurteilen."

Der Vertreter des Klägers, Rechtsanwalt Dr. Frank, erwiderte:

„Der dem Kläger wegen des Darlehens zu 200 Mk. zugeschobene Eid könne nur vorsorglich angenommen werden. Es müsse nämlich die Zulässigkeit dieses Eides bestritten werden, weil der Kläger von den seinerzeit zwischen seinem Vater und dem Beklagten geführten Verhandlungen kein eigenes Wissen habe. Deshalb schiebe er dem Beklagten den Eid darüber zu, daß dieser, wie der Kläger behauptet, den Betrag von 200 Mk. als Darlehen erhalten hat.

Für die behauptete Rückzahlung des Darlehens von 150 Mk. treffe den Kläger keine Beweispflicht. Die vom Beklagten vorgebrachte Gegenforderung werde an sich nicht bestritten. Dagegen sei die Aufrechnung, weil an eine Bedingung geknüpft, unstatthaft. Hinsichtlich der Widerklage werde Abweisung beantragt. Auch diese Klage sei, weil nur bedingt erhoben, unzulässig."

Rechtsanwalt Dr. Stein erklärte in seinem Schlußworte, daß die gegen die Aufrechnung und die Widerklage erhobenen Bedenken rechtlich unbegründet seien. Den seiner Partei zugeschobenen Eid nehme er für den Fall an, daß es auf dessen Leistung ankommen sollte. Eine Beweispflicht hinsichtlich der von dem Beklagten behaupteten Zurückzahlung des Darlehens von 150 Mk. könne auch der Beklagte nicht anerkennen.

Wie hat das Amtsgericht Kirchzell zu entscheiden?

Die Antwort ist unter Anführung der gesetzlichen Vorschriften zu begründen.

Arbeitszeit: 4 Stunden.
Hilfsmittel: Jaeger, BGB. mit Nebengesetzen.

Aufgabe III.

I. Im Herbste 1920 teilte der wohlhabende, ledige Rentner Lasser den Kindern seiner Jugendfreunde mit, daß er sie zu Erben seines Vermögens einsetzen werde. Es war dies der Kaufmann Geiz, die Kleidermacherin Putz und der Student Arm. Geiz war durch diese Mitteilung sehr enttäuscht, weil er gehofft hatte, Lasser allein zu beerben. Um sich nun soviel wie möglich von dessen Nachlaß zu sichern, beschloß er die Putz zu heiraten, den Arm aber ums Leben zu bringen. Die Putz nahm seinen Heiratsantrag an. Auf einem Spaziergang, den sie alsbald mit ihrem Bräutigam machte, redete sie ihm zu, er solle den Arm beiseite schaffen; dann könnten sie als Ehepaar herrlich leben. Geiz, welcher der Verschwiegenheit seiner Verlobten nicht traute, wies dieses Ansinnen mit geheuchelter Entrüstung zurück, verfolgte aber seinen Tötungsplan im Geheimen weiter.

Geiz weihte zunächst seinen Freund, den Drogistengehilfen Exter, in sein Vorhaben ein und bat ihn um Rat, wie er sich des Arm durch Gift entledigen könnte. Da beide wußten, daß Arm oft an Katarrh litt, so verschafften sie sich Brustbonbons, die Exter mit einer klebrigen, stark giftigen Masse überzog; Geiz schickte diese Bonbons mit der Aufschrift „Gegen die Heiserkeit von einem guten Freunde gewidmet" durch die Post an den Arm ab.

Unmittelbar nach Absendung der Bonbons erhielt Geiz einen Brief von Lasser, in dem dieser schrieb, er habe sich die Sache mit der Erbschaft überlegt und in seinem nunmehr endgültigen notariellen Testament lediglich ihn, den Geiz und die Putz zu Erben eingesetzt. Hiermit war der Grund zur Tötung des Arm für Geiz weggefallen. Er ließ deshalb sofort ein Telegramm an Arm abgehen, welches lautete: „Warnung vor Sendung mit Brustbonbons. Müller.“ Diese Unterschrift wählte Geiz, ohne eine bestimmte Person im Auge zu haben, weil er fürchtete, daß ein nicht unterschriebenes Telegramm nicht befördert werde. Er wollte auch nicht etwa den Verdacht auf eine falsche Person lenken.

Da Exter kurz vorher verreist war, so erfuhr er von der Sinnesänderung des Geiz und von dem Telegramm erst durch die gerichtliche Untersuchung. Infolge des Telegramms übergab Arm die Bonbons der Polizei, nahm also nichts davon zu sich.

Sind Geiz, Exter und die Putz strafbar? Ist es für die Beurteilung des Falles von Bedeutung, wenn nicht Geiz, sondern Exter die Bonbons abgesandt hätte?

II. Im Laufe des Verfahrens ereignete sich folgendes. Während der Voruntersuchung erließ der Untersuchungsrichter einen Haftbefehl gegen Exter wegen Fluchtverdachts. Dagegen legte Exter Beschwerde ein und begründete sie dadurch, daß der Staatsanwalt keinen Antrag auf Haftbefehl gestellt habe, der Richter also auch nicht befugt gewesen sei, ihn zu erlassen.

Wer entscheidet über die Beschwerde? Greift der geltend gemachte Beschwerdegrund, wenn er tatsächlich zutrifft, durch?

Arbeitszeit: 4 Stunden.
Hilfsmittel: Allfeld, Strafgesetzgebung.

Aufgabe IV.

I. Ist nach der Reichsverfassung der Beschluß eines Konkordates

1. zwischen dem Reiche und dem Heiligen Stuhle in Rom,

2. zwischen Bayern und dem Heiligen Stuhle in Rom rechtlich zulässig?

II. Bejahendenfalls, welche Reichs- und Landesorgane und in welcher Weise sind sie zuständig oder mitwirkungsbefugt:

1. beim Abschluß eines Reichskonkordates,

2. beim Abschluß eines bayerischen Landeskonkordates?

III. Wäre es nach der Landesverfassung rechtlich zulässig

1. in einem bayerischen Landeskonkordate staatliche Befugnisse vorzusehen, durch welche das Maß der in Art. 137 der Reichsverfassung und § 18 der Bayerischen Landesverfassung eingeräumten Selbständigkeit der katholischen Kirche zugunsten der landesstaatlichen Gewalt verringert würde,

2. in einem bayerischen Landeskonkordate wieder — unter Ersetzung der früheren Zuständigkeiten des Königs durch die des Gesamtministeriums — Bestimmungen im Sinne der Art. IX, X Abs. I Satz 2, Art. XI Abs. I und Abs. V des bayerischen Konkordates vom Jahre 1817 vorzusehen?

Die Antworten sind zu begründen.

Arbeitszeit: 4 Stunden.

Hilfsmittel: **Buchert**, Verwaltungsgesetze, die Verfassung des deutschen Reichs vom 11. August 1919,
§ 18 der Verfassungsurkunde des Freistaates Bayern vom 14. August 1919, welcher lautet:

§ 18.

I. Die Vereinigung von Religionsgenossen zu gemeinsamer Hausandacht oder zu öffentlichen Kultushandlungen, zu Religionsgesellschaften, Religionsgemeinden oder geistlichen Gesellschaften ist innerhalb der Schranken des Gesetzes freigegeben.

II. Bestehende Religionsgesellschaften, Religionsgemeinden oder geistliche Gesellschaften, dann ihre Anstalten, Stiftungen oder sonstigen

Einrichtungen bleiben rechtsfähig, soweit sie es bisher waren, neue können die Rechtsfähigkeit nach Maßgabe des geltenden Rechtes erwerben. Ihr Eigentum und ihre anderen Rechte sowie ihr Bekenntnisgepräge werden gewährleistet.

III. Religionsgesellschaften, Religionsgemeinden und geistlichen Gesellschaften wird die selbständige Ordnung und Verwaltung ihrer Angelegenheiten, den Religionsgesellschaften und Religionsgemeinden, welche die Rechtsstellung von Körperschaften des öffentlichen Rechtes besitzen, auch die Besteuerung ihrer Mitglieder auf Grund der bürgerlichen Steuerlisten innerhalb der Schranken des Gesetzes gewährleistet.

IV. Bis zur Ablösung der Staatsleistungen gemäß Art. 138 der Verfassung des Deutschen Reiches bleiben die auf Gesetz, Vertrag oder besonderem Rechtstitel beruhenden Staatsleistungen an die Religionsgesellschaften aufrechterhalten.

V. Bis zu dem gleichen Zeitpunkte dürfen Gebäude und Grundstücke des Staates, die derzeit irgendwelchen Kultuszwecken dienen, diesen gegen den Willen der Beteiligten nicht entzogen werden.

Außerordentliche Universitätsschlußprüfung 1922.

Aufgabe I.

Der Bauer Huber in Daglfing hatte sein Anwesen an den Kriegsinvaliden Müller verpachtet. Im März 1920 trat Huber wegen des Verkaufes des Anwesens mit dem Gütler Maier in Unterhandlungen; am 19. März 1920 wurden sie einig. Maier kaufte das Anwesen um 120000 Mk., übernahm in Anrechnung auf den Kaufpreis eine auf dem Anwesen hypothekarisch gesicherte Forderung des Bankiers Goldmann im Betrage von 100000 Mk. und zahlte den Rest von 20000 Mk. dem Huber sofort aus. Mit Einwilligung des Pächters Müller, der zu den Verhandlungen hinzugezogen wurde, trat Maier an Stelle des Huber in das Pachtverhältnis ein; dabei wurde die am 2. Januar 1921 fälligen Pachtzinsforderung für das Jahr Jahr 1920 von 5000 Mk. dem Maier überwiesen. Alle diese Vereinbarungen wurden in einem schriftlichen Vertrage getroffen, welcher von Huber, Maier und Müller unterzeichnet wurde.

Die Auflassung des Anwesens wurde auf Wunsch des Maier einstweilen zurückgestellt, weil er die Gebühren nicht aufbringen konnte. Den baufälligen Stall mußte Maier im Herbst 1920 abbrechen und neu aufbauen lassen. Den am 2. Januar 1921 fälligen Pachtzins zog er von Müller ein.

Als Maier im April 1921 das Geld zur Bestreitung der Auflassungskosten zusammengebracht hatte und die Auflassung forderte, erklärte Huber, daß er den Kaufpreis um 100000 Mk. erhöhen müsse, weil die Grundstückspreise allenthalben sehr in die Höhe gegangen seien. Da sich Maier darauf nicht einlassen wollte, verkaufte Huber trotz des Protestes des Maier das Anwesen um 200000 Mk. an den Hauptmann a. D. Maierhofer; die Auflassung wurde vollzogen und Maierhofer am 1. Mai 1921 als Eigentümer in das Grundbuch eingetragen.

Wie ist das Rechtsverhältnis

1. zwischen Maier und Huber,
2. zwischen Maier und Maierhofer,
3. zwischen Müller und Maierhofer,
4. zwischen Müller und Maier

zu beurteilen?

Hilfsmittel: Jäger, Reichszivilgesetze.
Bearbeitungszeit: 4 Stunden.

Aufgabe II.

I.

Die Gesellschaft Roth & Co. besteht aus den Gesellschaftern Roth und Schwarz. Sie ist eine offene Handelsgesellschaft. Über die Vertretungsmacht und Geschäftsführungsbefugnis der Gesellschafter ist im Vertrage nichts bestimmt; beide Gesellschafter haben ihre vertragliche Gesellschaftseinlage bar eingezahlt. Nun klagt ein Gesellschaftsgläubiger Lehmann auf Zahlung einer ihm zustehenden Forderung gegen Schwarz persönlich, obschon in der Gesellschaftskasse genügend Geld ist, um ihn zu bezahlen.

1. Muß Schwarz die Forderung aus seinem Privatvermögen ganz oder anteilig erfüllen?
2. Kann er für das, was er an Lehmann hat zahlen müssen, eigenmächtig aus der Gesellschaftskasse Ersatz nehmen?
3. Kann er dies auch dann tun, wenn Roth ohne Angabe von Gründen Widerspruch erhebt?
4. Kann er, wenn die Gesellschaftskasse inzwischen durch andere Auszahlungen geschwächt ist und zu seiner Befriedigung nicht ausreicht, aus Roths's Privatvermögen anteiligen Ersatz fordern?

II.

Der Hausbesitzer K. klagt auf 2000 Mk. Schadenersatz gegen B. mit der Begründung, B. habe die ihm vom K. vermietete Wohnung durch vertragswidrige Behandlung (die näher dargelegt wird) derart beschädigt, daß die Wiederherstellung des ordnungsmäßigen Zustandes (Tapezieren, Streichen, Fußbodenerneuerung) 2000 Mk. Kosten verursacht habe.

1. Wenn K. mit dieser Klage abgewiesen wird, weil das Gericht sich nicht von dem Verschulden des B. überzeugen konnte, kann dann K. erneut auf Schadenersatz von 2000 Mk. klagen mit der neuen Begründung, daß B. die in K.'s Eigentum stehende Sache (das Haus) fahrlässig beschädigt habe (BGB. § 823), ohne eine andere Behandlung der Wohnung durch B. oder andere Beschädigungen zu behaupten, oder steht ihm die Einrede der Rechtskraft entgegen? Kann B., wenn er sich auf die Rechtskraft beruft, die Einlassung zur Hauptsache verweigern? Kann er in einem späteren Termin nach erfolgter Einlassung noch die Einrede erheben?
2. Kann K., während der Prozeß über die 1. Klage noch schwebt, die 2. Klage mit der neuen Begründung erheben oder steht ihm eine Einrede und wenn, dann welche entgegen? Kann B. die Einlassung zur Hauptsache daraufhin verweigern?
3. Kann K., wenn die Beweisaufnahme über die ursprünglichen Klagebehauptungen für ihn ungünstig ausfällt, die andere Begründung (in Anlehnung an BGB. § 823) nachträglich bringen oder kann der Beklagte dem widersprechen?

Die Antworten sind unter Angabe der gesetzlichen Bestimmungen zu begründen.

Arbeitszeit: 4 Stunden.
Hilfsmitel: Jäger, Reichszivilgesetze.

Aufgabe III.

Der frühere Agent Grundner in München machte dort im Oktober 1920 die Bekanntschaft der, wie ihm bekannt war, kurz zuvor aus einer Irrenanstalt ungeheilt entlassenen geisteskranken und wegen Geisteskrankheit entmündigten Therese Lieb. Sie eröffnete ihm, sie sei lebensmüde und bot ihm 10000 Mk., wenn er sie totschlüge.

Grundner wies das Ansinnen zurück. Bald darauf erzählte er einem Bekannten, dem Photographen Wex in München von dem Begehren der Lieb, ohne aber deren äußerlich nicht erkennbare Geisteskrankheit zu erwähnen. Wex meinte die gute Gelegenheit, von der Lieb Geld herauszuschlagen, solle man sich doch nicht entgehen lassen.

Nach Verabredung mit Wex stellte Grundner am 15. November 1920 diesen der Lieb als Chemiker vor. Sie erzählten ihr, Wex könne ein Einschläferungsmittel herstellen, das leicht und sicher zum Tode führe, es koste aber 3000 Mk. Begierig bat die Lieb um das Mittel. Wex brachte ihr am nächsten Tage einen unschuldigen Trank und erhielt dafür 3000 Mk., die er mit Grundner teilte.

Die Lieb beruhigte sich nicht bei dem fehlgeschlagenen Versuche und beklagte sich bei Grundner über die Wirkungslosigkeit des Mittels. Grundner tat sehr erstaunt darüber, daß das Gift in diesem Falle versagt habe. Lieb beharrte bei ihrem Vorhaben, Grundner solle ihr zum Tode verhelfen, da sie selbst nicht den Mut habe, Hand an sich zu legen. Grundner meinte, es sei am geratensten, daß er sie zur Nachtzeit im Starnbergersee ertränke, die Tat werde dann sicher unentdeckt bleiben. Er forderte aber dafür 7000 Mk., die er auch erhielt. Zum Scheine fuhr er am 3. Dezember zwei Stationen mit ihr, stieg unterwegs aus; als die Lieb in Starnberg ankam, sah sie sich allein.

I. Unter welchen Gesichtspunkten haben sich Grundner und Wex strafbar gemacht? Die Entscheidungen sind zu begründen.

II. 1. Nachdem in dieser Sache der Untersuchungsrichter die Akten der Staatsanwaltschaft zur Stellung ihrer Anträge übersandt hatte, beantragte diese eine Ergänzung der Voruntersuchung und die Erlassung eines Haftbefehls wegen Fluchtverdachts gegen Grundner. Welches Gericht ist zur Entscheidung über diese Anträge zuständig?

2. Welches Gericht ist zur Aburteilung von Grundner und Wex zuständig?

3. Welches Rechtsmittel steht gegen das Urteil zu?

Arbeitszeit: 4 Stunden.
Hilfsmittel: Allfeld, Strafgesetzgebung.

Von der Anwendung des Reichsgesetzes zur Entlastung der Gerichte vom 11. März 1921 ist abzusehen.

Aufgabe IV.

Vor dem Wahlprüfungsgerichte beim Reichstag ist die Wahl in einem Reichstagswahlkreise durch eine von einer größeren Anzahl von Wählern und Wählerinnen unterzeichnete Erklärung angefochten worden. Zur Begründung wird in der Eingabe vorgebracht:

1. a) Bis zum Ende des 21. Tages vor dem Wahltage (6. Juni), also bis zum Ende des 16. Mai sei beim Wahlkreisleiter ein Telegramm eingelaufen des Inhalts: „Wahlvorschlag wirtschaftliche Vereinigung heute Mittag abgesandt. Stumpf, Kreisvorsitzender." Am Tage darauf sei ordnungsgemäß unterzeichnet der Wahlvorschlag selbst eingelaufen. Dieser Wahlvorschlag sei vom Kreiswahlleiter unzulässigerweise zurückgewiesen worden.

b) Für zwei in dem Wahlvorschlag aufgestellte Bewerber habe bei der Einreichung des Wahlvorschlags lediglich die telegraphische Einverständniserklärung beigebracht werden können, da sie aus geschäftlichen Gründen im Auslande waren. Es seien aber innerhalb 24 Stunden die schriftlichen Erklärungen der von ihnen bestellten „Generalbevollmächtigten" beigebracht worden, durch die die telegraphische Zustimmungserklärung schriftlich bestätigt worden sei.

2. In mehreren Wahlbezirken des Wahlkreises seien Urnen verwendet worden, deren Ausmaß von dem durch die Wahlordnung § 50 Abs. 2 vorgeschriebenen Maße abgewichen seien.

3. In einem Wahlbezirk sei eine größere Zahl von Stimmzetteln in der Weise abgegeben worden, daß sie zunächst in einen Privatumschlag gelegt wurden und dann mit diesem in den amtlich gestempelten Umschlag gesteckt wurden. Obwohl sofort Verwahrung eingelegt worden sei, habe der Wahlvorsteher diese Stimmzettel für gültig erklärt.

In bezug auf diese Wahl ist außerdem eine Erklärung des Gütlers Gruch eingelaufen, er fechte die Gültigkeit der ganzen Wahl an, da er zu Unrecht von der Ausübung des Wahlrechts ausgeschlossen worden sei. Er sei mit dem Stimmzettel seiner Partei in der Frühe von seinem Wohnort abgegangen, habe sich vor der Wahl im Wirtshaus aufgehalten und, wie er zugeben müsse, schwer betrunken. Als er in das Wahllokal gekommen sei, habe ihn der Wahlvorstand zurückgewiesen, obwohl er in die Wählerliste eingetragen gewesen sei. Wenn er auch schwer betrunken gewesen sei, so hätte doch sein zuverlässiger Freund, der ihn begleitet habe, für ihn den Stimmzettel in den Umschlag stecken können, wozu er selbst allerdings wohl nicht mehr imstande gewesen wäre.

Die Ermittelungen des Reichsbeauftragten bestätigten die Richtigkeit der vorgebrachten Tatsachen. Sie haben außerdem ergeben:

1. In einem Wahlbezirk hatte sich zur Wahl auch der in die Wählerliste eingetragene Oberstleutnant Schwert der Reichswehr eingefunden und eine Stimme abgegeben. Als er sich aus dem Wahlraume entfernen wollte, wurde seine Stimmenabgabe als ungültig beanstandet, da er ein Wahlrecht nicht ausüben könne. Er erklärte, daß ihm dies zweifelhaft erscheine, wolle aber kein Hehl daraus machen,

daß er für den Wahlvorschlag B gestimmt habe. Der Wahlvorstand erklärte die Stimme für ungültig und zog sie bei der Feststellung des Abstimmungsergebnisses von den für den Wahlvorschlag „B" abgegebenen Stimmen ab, obwohl von einer Seite geltend gemacht wurde, daß dies unzulässig sei und daß die Stimme von der Gesamtheit der abgegebenen Stimmen und sodann von der Stimmenzahl jenes Wahlvorschlags abgezogen werden müsse, für den in dem Wahlbezirke die größte Anzahl von Stimmen abgegeben worden seien.

2. In mehreren Wahlbezirken wurde die Wahlhandlung um 9 Uhr eröffnet und abends 8 Uhr geschlossen. Der Kreiswahlausschuß hatte die sämtlichen in diesem Wahlbezirk abgegebenen Stimmen für ungültig erklärt, obwohl seitens der Wahlberechtigten eine Beanstandung nicht erfolgt war.

Wie sind die vorgebrachten Beanstandungen zu beurteilen? Die Entscheidungen sind zu begründen.

Arbeitszeit: 4 Stunden.

Hilfsmittel: Reichsverfassung, Reichswahlgesetz und Reichswahlordnung.

Ordentliche juristische Universitätsschlußprüfung 1923.

Aufgabe I.

Am 1. März 1923 erwarb der Bauer Huber von einem unbekannten Händler eine braunes Pferd und bot es noch am gleichen Tage dem Wirt Hinterhuber zum Tausch gegen ein Schimmelpferd an. Obwohl Huber das braune Pferd und seine Eigenschaften nicht näher kannte, beteuerte er, das Pferd sei ohne Fehler und übernahm dafür auf Verlangen des Hinterhuber die Gewähr. Nunmehr ging Hinterhuber auf den Tausch ein, brachte noch am Abend des 1. März 1923 seinen Schimmel zu Huber und nahm dafür den Braunen mit. Schon in der ersten Nacht schlug der Braune im Stalle des Hinterhuber so unruhig um sich, daß eine daneben befindliche Kuh schwer verletzt wurde, geschlachtet werden mußte und dem Hinterhuber ein Schaden im Betrage von 500000 Mk. entstand. In der Folge stellte sich immer deutlicher heraus, daß das Pferd an krankhafter Unruhe litt und häufig wild ausschlug; im Stalle legte es sich nicht zum Ausruhen nieder, war deshalb immer müde und, wenn es zum Zuge verwendet werden sollte, nicht zu gebrauchen.

Ende März 1923 gab Hinterhuber dem Huber in mündlicher Unterredung bekannt, daß er Aufhebung des Tauschvertrages und Ersatz des Schadens im Betrage von 500000 Mk. verlange. Die Verhandlungen zogen sich in die Länge, schließlich lehnte Huber das Ansinnen des Hinterhuber endgültig ab. Am 20. April 1923 bat Hinterhuber einen Rechtsanwalt um Rat.

Das Gutachten des Rechtsanwalts ist auszuarbeiten. Ist es für die Beurteilung der Rechtslage von Einfluß, wenn dem Huber bei dem Abschlusse des Tauschvertrages die Fehler seines Pferdes bekannt waren?

Bearbeitungszeit: 4 Stunden.
Hilfsmittel: Jaeger, Reichszivilgesetze.

Aufgabe II.

I.

K. klagt auf Zahlung des Kaufpreises für gelieferte Waren und beantragt Verurteilung des B. zur Zahlung von 2,6 Millionen Mark und zur Tragung der Kosten des Prozesses. B. erklärt sich bereit 1,87 Millionen Mark zu zahlen, wie er das auch vor der Klage dem K. angeboten habe, was K. nicht bestreitet, beantragt dagegen in Höhe der Restforderung Abweisung des K. und dessen Verurteilung zur Tragung der gesamten Prozeßkosten. K. behauptet, daß als Kaufpreis der von seinem Verband für die Zeit der Lieferung festgesetzte Preis zugrunde gelegt worden sei, B. führt dagegen an, es sei ein fester Preis vereinbart in Höhe des zur Zeit der Bestellung geltenden Verbandspreises zuzüglich 10%. Der Kläger schiebt dem B. den Eid darüber zu, daß der Preis sich nach dem zur Zeit der Lieferung maßgebenden Verbandspreis richten sollte, der Beklagte schiebt dem K. den Eid zurück und schiebt ihm seinerseits den Eid darüber zu, daß ein fester Preis von 1,87 Millionen Mark vereinbart sei. K. beantragt in Höhe von 1,87 Millionen Mark Anerkenntnisurteil gegen B.

1. Kann Anerkenntnisurteil gegen B. ergehen und in ihm über die Kostentragung entschieden werden? Ist dieses Urteil selbständig mit Rechtsmitteln anfechtbar?
2. Ist die Eideszuschiebung des K. an den B. zulässig oder die des B. an K.? Wovon hängt diese Entscheidung ab?
3. Ist die Zurückschiebung des Eides zulässig? Auch dann wenn unstreitig der Vertrag nicht vom Kläger persönlich, sondern von seinem inzwischen verstorbenen Prokuristen X. abgeschlossen ist?
4. Welche Entscheidung hat das Gericht über den streitigen Restbetrag zu erlassen?

II.

K. klagt den Kaufpreis für gelieferte Waren ein. B. beantragt Abweisung der Klage, indem er

1. die Einrede der Wandelung erhebt,
2. eventuell mit einer Gegenforderung aufrechnet. Kann das Gericht, wenn die Gegenforderung unbestritten ist, ohne Prüfung der Wandelungseinrede die Klage abweisen?

Die Gegenforderung wird bestritten, K. behauptet sie bereits bezahlt zu haben und schiebt zum Beweise der Zahlung dem B. den Eid darüber zu. Das Gericht verhandelt über beide Einreden des B. und prüft sie zusammen.

1. In welcher Form kann das Gericht die Einrede der Wandelung verwerfen,
   a) wenn der Einwand der Aufrechnung bereits zu Ungunsten des B. erledigt ist,
   b) solange das noch nicht der Fall ist?
2. In welcher Form ist der dem B. zugeschobene und von ihm angenommene Eid über die Zahlung aufzuerlegen, wenn die Einrede der Wandelung bereits zu Ungunsten des B. erledigt ist.

Die Antworten sind unter Anführung der einschlägigen Gesetzesstellen zu begründen.

Bearbeitungszeit: 4 Stunden.
Hilfsmittel: Jaeger, Reichszivilgesetze.

Aufgabe III.

Petermann, Mitglied einer Gauklertruppe, die in einem Artistenwagen von Jahrmarkt zu Jahrmarkt zog, hatte im Dezember 1918 im Dorfe Eichberg von einem Soldaten, dessen Abteilung dort einquartiert war, für 10 Mk. einen Karabiner Modell 98 mit 50 Patronen gekauft, in der Absicht, bei Gelegenheit für sich und die Genossen ein Stück Wild zu schießen. Das ist auch in einer Reihe von Fällen geschehen. Zuletzt am 10. Juni 1919, wo Petermann in der Abenddämmerung vom Felde aus einen am Waldrand sich zeigenden Rehbock erlegte. Die Beute wurde gemeinsam verzehrt.

Das Gewehr, das noch mit einer Patrone geladen war, hatte Petermann nach dem Schusse in gesichertem Zustand in den Wagen gelegt. Die Truppe war eilig weitergezogen und Petermann hatte daher nicht, wie er es sonst tat, das Gewehr nach gemachtem Gebrauche entladen. In den nächsten Tagen, während die Truppe auf dem Jahrmarkte in Moosburg Vorstellungen gab, blieb das Gewehr auf seinem Platze im Wagen liegen und Petermann dachte nicht mehr daran, daß es noch geladen war.

Knoll, ein anderes Mitglied der Truppe, hatte sich von Petermann den Mechanismus des Karabiners, das Laden, Entladen, Sichern, Entsichern, Reinigen zeigen lassen. Am 20. Juni 1919, als die Gesellschaft auf der Weiterreise von Moosburg an der Landstraße rastete, rief Petermann, der selbst mit den Pferden beschäftigt war, dem Knoll zu, er möge das Gewehr einfetten. Dieser nahm es zur Hand und rieb das Schloß mit Öl ein, wobei er das Gewehr in der Höhe des gebogenen Armes in wagerechter Richtung hielt. Während dieser Hantierung krachte aus dem Gewehr ein Schuß und traf die in der Nähe des Wagens stehende Ehefrau des Knoll. In das nächste Krankenhaus überführt starb sie noch an demselben Tage.

Knoll hat in der Untersuchung angegeben, er habe nicht damit gerechnet und auch nicht damit rechnen können, daß der Karabiner geladen gewesen sei. Allerdings habe er nach Entfernung der Schutzhülle von dem Gewehr vor dem Einfetten den Sicherungsflügel herumgedreht und damit das Gewehr entsichert. Da er aber der Meinung gewesen, das Gewehr sei entladen, so habe er sich dabei nichts gedacht. Daß seine Frau in der Nähe gestanden, habe er, ganz mit dem Gewehr beschäftigt, nicht bemerkt.

I. Welche Straftaten fallen dem Petermann zur Last?

II. Haben sich auch

1. Knoll,
2. die übrigen Mitglieder der Truppe strafbar gemacht?

III. Petermann hat gegen das ihn verurteilende Strafkammerurteil vom 2. Dezember 1919 am 6. Dezember Revision eingelegt zu Protokoll des Gerichtsschreibers desjenigen Amtsgerichts, in dessen Bezirk das Gefängnis liegt, in dem er sich als Untersuchungsgefangener befand, am nächsten Tage zu Protokoll des nämlichen Gerichtsschreibers erklärt, daß er die Revision zurücknehme, im Verlauf des gleichen Tages sich aber diesem Gerichtsschreiber nochmals vorführen lassen und nun zu Protokoll desselben erklärt, daß er die Revision nicht zurücknehme, und die Revisionsanträge und deren Begründung angebracht. Die 3 Protokolle sind, die beiden letzteren gleichzeitig, dem Gericht der ersten Instanz übersendet worden. Dieses hat die Revision als unzulässig verworfen. Ist diese Entscheidung zutreffend? Steht dem Angeklagten ein Rechtsbehelf dagegen zu?

Die Antworten sind unter Anführung der einschlägigen Gesetzesstellen zu begründen.

Bearbeitungszeit: 4 Stunden.
Hilfsmittel: Allfeld, Strafgesetzgebung.

Aufgabe IV.

Ein Verein zur Bekämpfung der Schundliteratur ist auf einen vornehmlich durch Kolportage verbreiteten Roman aufmerksam geworden, dessen Inhalt nach der Meinung des Vorstands jenes Vereins in sittlicher und religiöser Beziehung Ärgernis zu geben geeignet ist. Da der Verein alle gesetzlichen Mittel hiegegen anwenden will, hat der Rechtsberater des Vereins ein Gutachten erstattet, in dem er zwei Wege anführt, auf denen nach seiner Meinung die Verbreitung jener Schrift gehemmt werden könne.

Einmal sei bei den Eisenbahndirektionen der Reichsbahn zu beantragen, daß der Vertrieb der anstößigen Schrift in den Bahnhofsbuchhandlungen und Zeitungsständen, die sich im Bereiche der öffentlichen Verkehrsanstalten befinden, verboten werde. Die Reichsbahndirektion sei hiezu kraft ihres Hausrechts und der ihr zustehenden Polizeigewalt befugt.

Sodann biete § 56 Abs. 4 GewO. eine Handhabe; die Polizeibehörde könne die Genehmigung zum Vertrieb der Schrift im Umherziehen untersagen.

In der Vorstandssitzung des Vereins wurde gegen dieses Gutachten das Bedenken geäußert, daß diese Rechtsanschauung mit Art. 135, 151 der Reichsverfassung, besonders aber mit Art. 118 RV., der jede Zensur ausschließe, unvereinbar sei.

Wie ist die Rechtslage? Angenommen, der Weg des § 56 der GO. wäre gangbar, welche Behörde wäre in diesem Falle zuständig? Auf welchem Wege könnte eine richterliche Entscheidung herbeigeführt werden?

Die Antwort ist unter Anführung der einschlägigen Gesetzesstellen zu begründen.

Bearbeitungszeit: 4 Stunden.
Hilfsmittel: Buchert, Verwaltungsgesetze und Reichsverfassung.

Außerordentliche juristische Universitätsschlußprüfung 1923.

Aufgabe I.

I.

Der Fabrikbesitzer Schröder meldete sich bei Ausbruch des Krieges als Freiwilliger. Er wurde nach der Schlacht bei Gorlice vermißt und im Jahre 1916 auf Grund der Verordnung vom 18. April 1916 über die Todeserklärung Kriegsverschollener auf Antrag seiner Frau für tot erklärt. Als Todestag wurde der 22. Mai 1915 festgesetzt. Ein Testament war nicht vorhanden. Am 22. Mai 1915 lebte außer der Ehefrau Schröders von dessen Verwandten noch sein väterlicher Großvater und eine Schwester seiner Mutter.

Wie wurde er beerbt?

Der Nachlaß bestand in einer Fabrik und einer Million Mark in Wertpapieren. Die Tante starb am 13. September 1915 und hinterließ zwei Töchter. Der Großvater starb 1919. Frau Schröder verheiratete sich im Januar 1917 mit Herrn Engel; es wurde Gütertrennung vereinbart. Die Fabrik wurde zur Aktiengesellschaft gemacht. Herr Schröder war nicht gefallen, sondern nach Sibirien verschleppt worden. Im Jahre 1920 kehrte er über China zurück. Seine Frau hatte unterdessen Herrn Engel, ihrem zweiten Gatten, zwei Kinder geschenkt. Aber die Ehe war im Jahre 1919 wegen beiderseitigen Verschuldens geschieden worden.

Frau Engel will nach der Rückkehr ihres ersten Gemahls die zweite Ehe anfechten. Ist das möglich?

Die Ehe mit ihrem ersten Gatten will Frau Engel wieder herstellen. Ist dazu eine neue Eheschließung erforderlich?

Was muß Schröder tun, um sein Vermögen wieder zu erlangen? Wieviel erhält er? Muß die Aktiengesellschaft die Fabrik an ihn zurückgeben und die Aktionäre die bezogenen Dividenden?

II.

Der Mieter Wohnlich begab sich am ersten des Vierteljahrs in die Wohnung seines Hauswirts Huber, um die Wohnungsmiete in Höhe von 1000 Mk. voraus zu bezahlen, wie es im Mietsvertrag vorgeschrieben war. Als er klingelte, öffnete ihm der zwanzigjährige Sohn des Huber, der ihm mitteilte, daß sein Vater leider nicht zu Hause sei, daß er selbst aber, falls Wohnlich etwa die Vierteljahrsmiete entrichten wolle, bereit sei, sie entgegenzunehmen. Wohnlich folgte dieser Aufforderung um so argloser, als er wie auch andere Mieter schon wiederholt die Mietzahlung an den jungen Huber geleistet hatte. Er erhielt Quittung und entfernte sich. Huber junior brachte das Geld noch an demselben Abend durch. Wohnlich war sehr erstaunt, als er nach vier Tagen von dem Hauswirt einen Brief erhielt mit der Anfrage, ob er nicht die fällige Miete entrichten wolle. Auf seine Antwort, daß er dies bereits zu Handen des Huber jr. getan habe und von diesem Quittung besitze, schrieb Huber zurück, daß er seinem Sohne die Entgegennahme von Mietzahlungen schon vor einiger Zeit untersagt und dies auch den Mietern seiner verschiedenen Häuser mitgeteilt habe. Als Wohnlich erwiderte, eine solche Mitteilung sei ihm nicht zugegangen, schrieb ihm Huber, das sei seine Sache. Das hektographierte Rundschreiben sei von seinem (Hubers) Hausmeister dem Dienstmädchen oder Söhnlein des Wohnlich in dessen Wohnung übergeben worden, wie der Hausmeister eidlich bezeugen könne. Wenn das Dienstmädchen oder der Knabe den Brief nicht abgegeben hätten, so treffe der Schaden Wohnlich. Dieser erwiderte, das könne er nicht anerkennen; er sei zwar kein Jurist aber das Gesetz könne nicht verlangen, daß er denselben Mietzins zweimal zahle. Da er dabei blieb, erhob Huber Klage.

Wie wird das Urteil ausfallen?

Die Antworten sind zu begründen.

Arbeitszeit: 4 Stunden.
Hilfsmittel: Jaeger, Reichszivilgesetze.

II. Aufgabe.

Der in München wohnende und dort verstorbene Rentner Straßer ist von seinen drei Söhnen Anton, Bernhard und Coelestin als Alleinerben beerbt worden. Wenige Wochen vor seinem Tode hatte er dem Nürnberger Kaufmann Geiger für eine halbe Million ein in München belegenes Haus verkauft und aufgelassen. Geiger, der als Eigentümer eingetragen wurde, hatte 350 000 Mk. bar gezahlt und für die jederzeit kündbare Restkaufpreisschuld von 150 000 Mk. eine Sicherungshypothek an dem gekauften Hause bestellt. Als nun einen Monat nach dem Erbfall die Erben Zahlung des Restes verlangten, verweigerte Geiger die Zahlung mit der Behauptung, das Haus sei mit einer Reihe erheblicher Mängel behaftet.

Im Namen der drei Erben erhob nun Rechtsanwalt Dr. Rumpf gegen Geiger Klage aus der Kaufpreisschuld und aus der Hypothek. Unmittelbar nach Zustellung der Klage kündigte der klägerische Anwalt, der sich mit Coelestin überworfen hatte, diesem das Mandat und teilte diese Tatsache dem Beklagten durch Schriftsatz mit. Der vom Beklagten bestellte Rechtsanwalt Kummer führte in der schriftlichen Klagebeantwortung aus, das Haus sei mit näher bezeichneten Fehlern behaftet; daher werde er in der mündlichen Verhandlung Abweisung der Klage beantragen und Widerklage auf Wandelung erheben.

In dem ersten Verhandlungstermin erklärte der klägerische Anwalt, nur noch für Anton und Bernhard Straßer auftreten zu wollen, trug den Sachverhalt vor und stellte den angekündigten Antrag. Der Anwalt des Beklagten trug den Inhalt seiner Klagbeantwortung vor und stellte die dort vorgesehenen Anträge, indem er namentlich gegen Coelestin Versäumnisurteil beantragte. Der klägerische Anwalt bestritt die Fehlerhaftigkeit des Hauses und beantragte Abweisung der Widerklage. Der Anwalt des Beklagten beantragte die Vernehmung von Sachverständigen.

Es sind folgende Fragen zu beantworten:

1. Wie waren die Anträge der Hauptklage zu fassen?
2. Wo war die Hauptklage zu erheben?
3. Ist die Widerklage statthaft?
4. Wie waren die Anträge der Widerklage zu fassen?
5. Kann gegen Coelestin Versäumnisurteil ergehen
   a) in Ansehung der Hauptklage?
   b) in Ansehung der Widerklage?
6. Wie ist zu entscheiden, wenn die Sachverständigen die behaupteten Mängel des Hauses verneinen?
7. Wie, wenn sie die Mängel bestätigen?

Arbeitszeit: 4 Stunden.
Hilfsmittel: Jaeger, Reichszivilgesetze.

III. Aufgabe.

I.

Der abgehauste Bauer Gottfried Schranz beabsichtigte schon seit einiger Zeit bei dem reichen Bauern Franz Holzer einzubrechen und zu stehlen. Er äußerte diese Absicht gelegentlich dem ihm befreundeten Häusler Xaver Beck gegenüber. Darauf erbot sich dieser, ihn zu begleiten und auf seinem Karren die erbeuteten Gegenstände wegzufahren, wenn ihm Schranz einen Teil der Diebsbeute überlasse. Schranz lehnte aber das Anerbieten mit dem Bemerken ab, er wolle es sich noch recht überlegen, ob er den Diebstahl wirklich ausführe. In Wahrheit hatte er keine Lust die Beute mit einem anderen zu teilen. In einer der folgenden Nächte schlich er sich nun an das Anwesen des Holzer heran, um dort seinen Plan auszuführen. Als er aber hinkam bemerkte er den von der Gemeinde angestellten Nachtwächter Georg Frei, der weil in dem Dorfe schon öfter Diebstähle vorgekommen waren, den strengsten Auftrag hatte, darüber zu wachen, daß sich keine verdächtigen Personen in der Nacht herumtrieben. Frei hatte auch den Schranz sofort gesehen und war auf ihn zugegangen mit der Frage, was er denn in so später Stunde der Nacht im Sinne habe. Schranz sagte zunächst er gehe spazieren, weil er nicht schlafen könne. Dann aber rückte er mit seinem Plan heraus, bat den Frei, mit dem er schon immer auf gutem Fuße gestanden war, ihn gewähren zu lassen und drückte ihm einen Geldbetrag in die Hand mit dem Bemerken, daß er, wenn ihm das Unternehmen gelinge, sich noch weiter erkenntlich zeigen werde. Frei besann sich einen Augenblick, dann ging er ohne ein Wort zu sagen weiter und verschwand bald in einer anderen Dorfgasse. Nun machte sich Schranz ans Werk, drückte ein Stallfenster ein, stieg durch dieses in den Stall und schlich von da in die Wohnstube. Dort erbrach er einen Schrank und eine Kommode, entnahm dem ersteren einiges Silberzeug, der letzteren eine größere Summe Geldes, raffte noch ein Paar in der Stube stehende Stiefel und einen an der Wand hängenden Mantel an sich, begab sich hierauf noch in die Küche, wo er ein Stück geräucherten Fleisches fand, das er sofort verzehrte und entfernte sich dann auf demselben Wege, auf dem er eingedrungen war. Von dem Silberzeug bot er am anderen Tage 4 Löffel dem Gütler Lorenz Speck zum Kaufe an mit dem Bemerken, sie stammten noch aus seinem früheren Hausstand. Speck, der recht wohl wußte, daß Schranz längst alles, was er an Wert besaß, veräußert hatte, und ihn als einen Menschen kannte, der zu allem fähig ist, kaufte die Löffel, die einen Wert von mehreren tausend Mark hatten, um 300 Mk. Als nun der bei Holzer verübte Diebstahl ruchbar geworden war, forschte die Gendarmerie nach den gestohlenen Gegenständen und kam, da sie Anhaltspunkte dafür gewonnen hatte, daß Speck einen Teil davon erhalten habe, auch zu ihm; Speck aber bestritt auf die Frage, ob Schranz nichts zu ihm gebracht habe, dies ganz entschieden. Erst eine Durchsuchung seiner Wohnung förderte die Löffel zutage, worauf Speck zugab, sie von Schranz gekauft zu haben, aber hoch und teuer versicherte, er habe keine Ahnung gehabt, daß sie von einem Diebstahl herrührten und fest geglaubt, Schranz verkaufe in seiner Not den Rest seiner Habe.

Wie sind die Handlungen des Schranz, des Beck, des Frei und des Speck strafrechtlich zu beurteilen?

Die Antworten sind zu begründen.

II.

Gegen Speck wurde weiterhin wegen des Ankaufs der Löffel Anklage erhoben; er wurde aber freigesprochen, weil das Gericht annahm, er habe auf Grund der Angaben des Schranz an einen unredlichen Erwerb nicht denken können. Nachdem dieses freisprechende Urteil rechtskräftig geworden war, erhob die Staatsanwaltschaft gegen Speck neuerdings Anklage, wobei sie ihm die Ableugnung des Besitzes der Löffel gegenüber der Gendarmerie zur Last legte.

Ist diese neuerliche Strafverfolgung zulässig?

Die Antwort ist zu begründen.

Arbeitszeit: 4 Stunden.

Hilfsmittel: Allfeld, Strafgesetzgebung.

Aufgabe IV.

Der Reichstag beschloß ein Reichsgesetz über besondere Besteuerung des Arbeitseinkommens der Beamten, Angestellten und Lohnarbeiter als Ergänzung des Reichseinkommensteuergesetzes. Das Gesetz wurde vorschriftsmäßig verkündet und trat in Kraft. Alsbald wurde in einem großen Teile der Reichsbevölkerung durch Presse, Versammlungen und Demonstrationen gegen dieses Gesetz Sturm gelaufen. In dem Lande A. kam es zu förmlichen Unruhen. In verschiedenen Städten der Länder A. und B. kam es zu Streiks und Straßenaufläufen. Ein allgemeiner Beamtenstreik wurde angekündigt. Daraufhin erklärte in Anbetracht der gestörten Ordnung und gefährdeten Sicherheit des Reichs der Reichspräsident auf Grund des Art. 48 Abs. II der Reichsverfassung durch eine vom Reichskanzler gegengezeichnete Verordnung den Ausnahmezustand. Durch die Verordnung wurden

1. ein allgemeines Verbot öffentlicher Versammlungen,
2. ein Ausweisungsrecht gegen alle ordnungsstörenden und sicherheitsgefährlichen Personen für die allgemeinen Polizeibehörden angeordnet,
3. Aufforderungen zur Unterlassung der Steuererklärungen und Steuerzahlungen, begangen durch die Presse, mit rückwirkender Kraft unter besonders schwere Strafe gestellt,
4. für die Länder A. und B. ein Ausnahmegericht zur Aburteilung dieser Pressedelikte eingerichtet,
5. hinsichtlich einzelner besonders mißliebiger Bestimmungen des neuen Steuergesetzes zum Teile die Suspendierung des Vollzugs, zum Teile die Aufhebung ausgesprochen.

Durch diese Ausnahmevorschriften erachteten die Landesregierungen von A. und B. nicht nur die Reichsverfassung für verletzt und die verfassungsrechtliche Stellung der Länder zum Reich für gefährdet, sondern auch die öffentliche Ordnung und Sicherheit in ihren Ländern erst recht für gefährdet.

Die Landesregierung von A. beantragte unter Berufung auf Art. 19 der Reichsverfassung beim Staatsgerichtshof des Deutschen Reichs die Aufhebung der Verordnung des Reichspräsidenten und machte insbesondere geltend, das nach Nr. 2 der Verordnung angeordnete Ausweisungsrecht widerspreche dem Art. 111 der Reichsverfassung und sei durch Art. 48 Abs. II nicht gedeckt, die in Nr. 3 angeordneten Strafnormen seien überhaupt, besonders aber in ihrer Rückwirkung unzulässig, das Ausnahmegericht der Nr. 4 widerspreche dem Grundsatze des Art. 105 der Reichsverfassung, auch könne eine solche Ausnahmemaßregel nicht für einzelne Reichsteile sondern höchstens für das ganze Reich ergriffen werden; auch sei es unzulässig, daß der Reichspräsident, wie in Nr. 5 der Verordnung geschehen, einzelne reichsgesetzliche Bestimmungen suspendiere oder gar ganz aufhebe.

Die Landesregierung B. erließ sofort eine Verordnung unter Berufung auf Art. 48 Abs. IV, in der sie mit Rücksicht auf die durch die Verordnung des Reichspräsidenten bedrohte Sicherheit des Landes B. diese Verordnung für B. außer Wirksamkeit setzte und ihrerseits jede aus Anlaß des Reichsgesetzes verübte Gefährdung oder Störung der öffentlichen Ordnung oder Sicherheit unter besondere Strafe setzte und einen Landespolizeikommissär mit Vollmachten, darunter auch der Verfügungsmacht über die Reichswehr im Lande B. ausstattete.

Der Reichspräsident erhob angesichts dieser Vorgänge zunächst gegen den Antrag der Landesregierung von A. beim Staatsgerichtshof des Deutschen Reichs durch Schriftsatz Widerspruch und zwar ohne Gegenzeichnung des Reichskanzlers. Er behauptete zunächst Unzuständigkeit des Staatsgerichtshofs, da eine Zuständigkeit dieses Gerichts in Gegenständen seiner Vollzugsgewalt aus Art. 48 überhaupt nicht gegeben sei. Auch bestritt er die rechtliche Begründetheit des Antrags von A.

An die Landesregierung von B. richtete der Reichspräsident unter Bezugnahme auf Art. 48 Abs. IV Satz 2 durch eine vom Reichskanzler gegengezeichnete Verfügung die Aufforderung ihre Verordnung binnen 24 Stunden außer Kraft zu setzen, widrigenfalls er die Aufhebung dieser Verordnung selbst aussprechen und das Weitere veranlassen werde.

1. Wie hat im Falle des Landes A. der Staatsgerichtshof zu entscheiden?

   Die Entscheidung ist zu begründen. Das sachliche Vorbringen der Landesregierung von A. ist zu würdigen.

2. Wie ist im Falle des Landes B. das Vorgehen dieses Landes und des Reichspräsidenten rechtlich zu würdigen?

Arbeitszeit: 4 Stunden.

Hilfsmittel: Textausgabe der Reichsverfassung.

Ordentliche juristische Universitätsschlußprüfung 1924.

Aufgabe I.

A.

Marie Müller, die Tochter des Weinhändlers Karl Müller in München, hat mit dem übrigen Vermögen ihres Vaters das Geschäft und das dazu gehörende bedeutende Weinlager geerbt und betreibt das Geschäft weiter. Nachträglich verheiratet sie sich mit dem Schauspieler Adolar Schwimmer; ein Ehevertrag wird nicht geschlossen. Das Geschäft führt die nunmehrige Frau Schwimmer auch jetzt selbständig und in eigenem Namen fort; der Mann, der von dem Betrieb weiß, kümmert sich nicht weiter darum. Schon nach einem Jahr gehen die Ehegatten auseinander, ohne daß es zur förmlichen Scheidung kommt. Die Ehefrau bleibt bei ihrem Geschäft in München; der Mann, der in Königsberg i. Pr. die Stelle eines Theaterdirektors übernommen hat, gerät alsbald in Zahlungsschwierigkeiten. Deshalb übereignet er durch schriftlichen Vertrag einem seiner Königsberger Gläubiger zur Sicherung von dessen Forderung das Weinlager seiner Frau, von dem nachweislich fünf Sechstel bereits zur Zeit der Eheschließung im Eigentum der Frau waren. Die Frau setzt dem Gläubiger, der die Herausgabe der Weinvorräte auf Grund des ihm übertragenen Eigentums fordert, entgegen: 1. Es fehle an jeder Übergabe und so sei Eigentum auf den Gläubiger nicht übergegangen. 2. Das gesamte Weinlager, nicht nur das nach Eingang der Ehe hinzuerworbene Sechstel sei ihr Vorbehaltsgut; denn der Mann habe ja von ihrem Geschäftsbetrieb gewußt und deshalb sei das dem Geschäftsbetrieb mit Wissen des Mannes dienende Weinlager Vorbehaltsgut geworden, über das nur sie verfügen könne. 3. Übrigens hätte der Mann, auch wenn man das Weinlager als eingebrachtes Gut betrachte, eine

Verfügung doch nur im Rahmen der ordnungsmäßigen Verwaltung vornehmen dürfen (§ 1377 I BGB.). Der Gläubiger bestreitet, daß die fünf Sechstel des Weinlagers, die vor der Ehe bereits der Frau Schwimmer gehörten, Vorbehaltsgut seien, und hält seinen Anspruch aufrecht.

Was ist Rechtens?

B.

Babette Kleinschnitz, die 17jährige Ehefrau des Bauers Adam Kleinschnitz hat, wie das in bäuerlichen Kreisen üblich ist, den Geflügelhof unter sich und verkauft in Abwesenheit des Mannes, der zu einer freiwilligen militärischen Übung eingezogen ist, 10 Hühner, von denen eines mit einer ansteckenden Krankheit infiziert ist, an den Geflügelhändler Bärtlein. Der Käufer war im gegebenen Fall nicht in der Lage die Infektion des verkauften Tieres zu erkennen, wohl aber an sich der Verkäufer; die jugendliche Babette Kleinschnitz aber war nachweisbar in solchen Angelegenheiten noch nicht erfahren und einsichtig genug. Das erkrankte Tier, auf den Sammelhof des Händlers gebracht, steckt die dort befindlichen Tiere an, so daß dem Bärtlein 100 Hühner verendeten. Da die Babette Kleinschnitz vermögenslos ist, verklagt Bärtlein sofort den Adam Kleinschnitz auf Schadensersatz, denn der Mann hafte für das Verschulden der Frau nach § 278 oder § 829 BGB. Der Mann wendet ein, daß der Verkäufer von Arglist abgesehen überhaupt nicht für die Gefährlichkeit der verkauften Sache und so hier nicht für die Infektion hafte. Außerdem falle die Frau nicht unter § 278 BGB. und, wenn ja, so fehle ihr hier die Einsicht und deshalb könne von keinem Verschulden die Rede sein. § 829 aber setze die Haftung aus einem Delikt, nicht einem Vertrag voraus.

Wie ist die Rechtslage zu beurteilen?

Arbeitszeit: 4 Stunden.
Hilfsmittel: Jaeger, Reichszivilgesetze.

Aufgabe II.

I.

Der Baumeister K. klagt gegen den Sägemühlbesitzer B. auf Zahlung von 2100 Mk. mit folgender Begründung: B. habe sich durch Vertrag vom 12. Februar zur Lieferung von 260 Ztr. Bauholz (näher bezeichneter Art) für den Neubau von K.s Haus verpflichtet. Trotz der am 19. April erfolgten Mahnung habe er nicht geliefert; K. habe daher, um eine Störung im Bauen zu vermeiden, anfangs Juni das Bauholz sich anderweitig von X. verschaffen und wegen der inzwischen eingetretenen Preissteigerung an X. 2100 Mk. mehr bezahlen müssen, als er mit B. als Preis vereinbart gehabt hätte. Er (K.) verlange daher 2100 Mk. Schadensersatz von B.

Wenn B. im ersten Verhandlungstermin ausbleibt, könnte dann nach K.s Antrag Versäumnisurteil gegen B. ergehen oder eine andere Entscheidung?

II.

K. beantragt bei B.s Ausbleiben Vertagung. Im neuen Termin erscheint B. Nunmehr führt K. noch aus, er habe durch Brief vom 3. Mai dem B. eine Frist von 14 Tagen für die Lieferung des Holzes gesetzt, bei deren Nichtinnehaltung er sich anderweitig eindecken werde, aber B. habe weder innerhalb dieser Frist noch 14 Tage später geliefert. Er schiebt B. über die Fristsetzung den Eid zu. B. erklärt hierauf: 1. sei das neue Vorbringen unzulässig als Klageänderung, 2. bestreite er die Fristsetzung und schiebe K. den Eid darüber zu, daß er (K.) keine Frist gesetzt und B. keinen Brief mit einer Fristsetzung erhalten habe; 3. bezeichnet er die Frist als unangemessen und daher, wenn selbst die Fristsetzung erfolgt sein sollte, diese als unwirksam. Er bestreitet aber nicht, daß er im Verlaufe des Mai nicht geliefert hat.

1. In welcher Form entscheidet das Gericht, daß keine Klageänderung vorliegt? Was kann B. gegen diese Entscheidung tun?

2. Auf welchen Eid ist zu erkennen, wenn sowohl K. wie B. die ihnen zugeschobenen Eide annehmen? In welcher Form?
3. Kann das Gericht die Frage, ob die gesetzte Frist angemessen war, prüfen, wenn weder von K. noch von B. zu diesem Punkte Beweis angetreten ist? Kann es von sich aus in eine Beweisaufnahme hierüber eintreten? Wäre eine Eideszuschiebung von K. an B. oder umgekehrt über Angemessenheit oder Unangemessenheit der gesetzten Frist möglich?
4. Kommt es auf den Eid über die Setzung der Frist noch an, wenn das Gericht sich auf den Standpunkt stellt, die Frist, wenn sie gesetzt sei, sei nicht angemessen gewesen, oder welche Entscheidung hat dann das Gericht zu fällen?

Arbeitszeit: 4 Stunden.
Hilfsmittel: Jaeger, Reichszivilgesetze.

Aufgabe III.

I.

Bei dem Bezirksamt Ehringen traf am 16. April 1924 eine Anzeige ein, die den Bürgermeister der Ortsgemeinde Riedheim, Martin Ziegler, verschiedener dienstlicher Verfehlungen bezichtigte. Durch die eingeleitete Untersuchung wurde folgendes festgestellt:

1. Am 14. Oktober 1923 war der Bauer Franz Gorter in dem Amtszimmer Zieglers erschienen und hatte seinen Nachbarn, den Gütler Johann Zenz angezeigt, weil dieser auf Gorters Jagdgebiet unbefugt ein Feldhuhn geschossen hatte. Bevor Ziegler diese Anzeige pflichtgemäß, als Hilfsbeamter der Staatsanwaltschaft, dieser Behörde vorlegte, erschien Zenz bei ihm, brachte ihm zwanzig Eier und bat ihn, die Anzeige nicht weiterzugeben. Ziegler nahm nach kurzer scheinbarer Weigerung die Eier an und versprach dem Zenz, die Anzeige zu unterdrücken. Am

nächsten Tag besann er sich anders und legte die Anzeige gleichwohl vor. Die von Zenz erhaltenen Eier ließ er in seinem Haushalt verwenden.

2. Am 10. November 1923 überreichte dem Ziegler in dessen Amtszimmer der Privatier Reinhard Spengler ein an das Bezirksamt gerichtetes Gesuch um Aufnahme in die Liste der zu unterstützenden Kleinrentner und bat den Bürgermeister es mit tunlichster Beschleunigung unter wärmster Befürwortung vorzulegen. Ziegler erwiderte, es sei eine Menge älterer und dringenderer Sachen erst zu erledigen, Spengler müsse warten, bis seine Angelegenheit an der Reihe sei; auch werde sich sein Gesuch kaum befürworten lassen. Spengler bat ihn inständig, doch seine ihm wohl bekannte traurige Lage zu berücksichtigen. Als sich Ziegler immer noch nicht geneigt erwies, flüsterte ihm Spengler ins Ohr, er sei bereit, ihm, wenn er die Rente erhalte, zehn vom Hundert der ersten Jahresrate als Belohnung zu überlassen. Darauf erschien Ziegler wie umgewandelt und gab dem Spengler die Zusicherung, die Sache sofort in bester Weise zu erledigen. Ziegler begleitete den Spengler noch an die Türe und sagte leise zu ihm: „Also zehn vom Hundert"? worauf Spengler nochmals erklärte: „Ja, zehn vom Hundert". Unmittelbar darauf machte Ziegler den Bericht an das Bezirksamt, worin er den Spengler mit wärmsten Worten zur Berücksichtigung empfahl. Er konnte dies auch mit gutem Gewissen tun, da auf Seite des Spengler alle Voraussetzungen für die Gewährung der Rente bestanden. Diese kam auch zur Auszahlung; Ziegler begnügte sich aber mit fünf vom Hundert, die er mehrere Monate lang bezog.

3. Am 3. Februar 1924 gebar in Riedheim die von dem verheirateten Bauern Marcus Schlecht geschwängerte Dienstmagd Maria Fröhlich ein Mädchen. Da Schlecht die Vaterschaft von sich abwälzen wollte, ersuchte er Ziegler, der auch Standesbeamter war, im Geburtsregister zu beurkunden, daß der Dienstknecht Ignaz Helm die Vaterschaft bezüglich dieses Kindes anerkannt habe. Ziegler weigerte sich anfänglich der Bitte des Schlecht, der ihn

über die wahre Sachlage nicht im Unklaren ließ, stattzugeben und verlangte wenigstens, daß Helm selbst bei ihm erscheine und die, wenn auch unwahre, Erklärung abgebe. Schlecht drängte aber den Ziegler zur sofortigen Erledigung der Sache, indem er ihn an ihre alte Freundschaft erinnerte und ihm versprach, er werde den Helm durch ein größeres Geldgeschenk zum Einverständnis und zum Schweigen über den Vorgang bestimmen. Daraufhin gab Ziegler, der seitens des Schlecht schon manche Vermögensvorteile genossen hatte, nach und nahm die gewünschte Beurkundung im Geburtsregister vor.

4. Am 14. März 1924 vormittags 10 Uhr starb die Tochter Klara der Försterswitwe Agnes Brunn. Am nämlichen Tage nachmittags 2 Uhr starb der Schwiegervater der Brunn, der Hausbesitzer Joseph Mack. Um den Anschein zu erwecken, als sei ihre Tochter noch Erbin ihres Großvaters geworden und damit selbst die Erbschaft zu gewinnen, zeigte die Brunn, die im Hause des Schwiegervaters wohnte, während sonst niemand sich dort aufhielt, beim Standesamte am 15. März an, ihre Tochter sei am Tage vorher nachmittags 6 Uhr gestorben, während sie die Todesstunde ihres Schwiegervaters richtig angab. Ziegler machte einen dementsprechenden Eintrag im Sterberegister. Hier ergab sich, daß Ziegler selbst getäuscht worden war und im guten Glauben die falsche Tatsache beurkundet hat. Mack hatte ein Testament nicht errichtet. Sein einziger gesetzlicher Erbe war nach dem Tode der Enkelin sein Bruder Ignaz, der auch, da die Wahrheit noch rechtzeitig zutage trat, die Erbschaft erhielt.

Wie sind die Handlungen des Ziegler, des Zenz, des Spengler, des Schlecht und der Brunn strafrechtlich zu beurteilen?

II.

In der Hauptverhandlung gegen Ziegler wurden verlesen:

1. die zu I 3 und 4 erwähnten Einträge ins standesamtliche Geburts- und Sterberegister;

2. ein Brief des Apothekers Eduard Schwarz in Riedheim, worin dieser dem Staatsanwalt schreibt, es sei höchste Zeit, daß dem sauberen Bürgermeister einmal das Handwerk gelegt werde; es sei schon seit Jahren ein offenes Geheimnis in der Gemeinde, daß Ziegler sich für seine dienstlichen Handlungen schmieren lasse;
3. das Protokoll über die vom Amtsrichter in Ehringen im Ermittelungsverfahren gepflogene Vernehmung des Zeugen Franz Gorter, der am Tage vor der Hauptverhandlung einen Fuß gebrochen hat und deshalb nicht erscheinen kann.

Sind diese Beweisaufnahmen zu beanstanden?

Wenn dies der Fall, wie hätte verfahren werden sollen?

Arbeitszeit: 4 Stunden.
Hilfsmittel: Allfeld, Strafgesetzgebung.

Aufgabe IV a.

Es ist darzulegen, wie weit der Art. 137 Abs. 1—4 und Abs. 8 der Reichsverfassung vom 11. August 1919 das bisherige Reichsrecht und bayerische Staatsrecht abändert.

Hilfsmittel: Buchert, Jaeger, Neue Reichsverfassung.

Aufgabe IV b.

Es hat sich die Frage erhoben, ob die Eingangsworte der Reichsgesetze zu lauten haben:

„Der Reichstag hat das folgende Gesetz beschlossen, das mit Zustimmung des Reichsrats hiermit verkündet wird.“

Oder:

„Der Reichstag hat das folgende Gesetz beschlossen, das nach Zustimmung des Reichsrats hiermit verkündet wird.“

Die Frage ist zu beantworten; die Antwort ist zu begründen.

Hilfsmittel: Neue Reichsverfassung.

Arbeitszeit für IVa und IVb zusammen: 4 Stunden.

Außerordentliche juristische Universitätsschlußprüfung 1924.

Aufgabe I.

Die beiden Geiger Alois und Franz Strobl, der Bratschist Fröhlich und der Violoncellist Wolf begründeten eine Quartettvereinigung zu gemeinschaftlichen Konzertreisen, zunächst auf ein Jahr. Der Gewinn sollte zu gleichen Teilen verteilt werden. Die Geschäftsführung wurde dem Bratschisten Fröhlich übertragen. Dabei wurde vereinbart, daß Fröhlich überall für Quartier sorgen, jeder aber seine Gasthofsrechnungen für sich bezahlen solle. Da das eigene Cello des Wolf Fabrikware war und den übrigen Instrumenten an Klangschönheit gewaltig nachstand, beschloß man, ein italienisches Cello, das man sehr günstig für 6000 Mk. erwerben konnte, anzuschaffen, und stellte es Wolf zur Benützung zur Verfügung. Wolf war ein Meister auf seinem Instrument, aber leider dem Trunk und Spiel über Gebühr ergeben. Das führte zu sehr unangenehmen Zwischenfällen.

1. In Augsburg kehrten die Künstler im Gasthof zum Schwan ein und gaben dort ein glänzend besuchtes Konzert. Sie hatten dem Wirt übertragen, das Eintrittsgeld einzunehmen. Er nahm 1650 Mk. ein. Davon berechnete er 100 Mk. Saalmiete und 50 Mk. für Beleuchtung, ferner aber für Logis und Kost der Künstler 160 Mk. Fröhlich erkannte nur den Abzug für Saalmiete und Beleuchtung als berechtigt an, nicht aber den für Kost und Logis.

Wer hat recht?

2. In Breslau hatten die Künstler den dort wohnenden berühmten Pianisten Bronizki gegen ein Honorar von 100 Mk. zur Mitwirkung engagiert und dadurch erreicht, daß der Saal ausverkauft war. In der Nacht darauf

kneipten Bronizki und Wolf ziemlich lange und begannen schließlich ein Spiel, in welchem Bronizki an Wolf 100 Mk. verlor. Als ihm am anderen Tage Fröhlich sein Honorar auszahlen wollte, erklärte er, er habe nichts mehr zu verlangen, da er die 100 Mk. an Wolf verloren habe.

Ist das richtig?

Hätte Fröhlich dem Bronizki, wenn er sein Honorar verlangt hätte, es mit Rücksicht auf seinen Spielverlust verweigern können?

Kann Wolf, wenn Fröhlich an Bronizki nichts zahlt, von Fröhlich 100 Mk. verlangen?

Kann Fröhlich wegen dieser Forderung gegen Wolf aufrechnen, wenn Wolf das für ihn angeschaffte Cello fahrlässiger Weise hingeworfen und die von Fröhlich veranlaßte Reparatur 100 Mk. gekostet hat?

3. In Chemnitz hatte Wolf am Nachmittag vor dem für den Abend angekündigten Konzert dem Alkohol so zugesprochen, daß das Konzert abgesagt werden mußte. Fröhlich berechnete den Schadenersatzanspruch der Gesellschaft gegen Wolf auf 1500 Mk. Wolf erkannte das nicht als berechtigt an. Erstens sagte er, er sei durch einen krankhaften Zustand an der Erfüllung seiner Gesellschaftsverpflichtung verhindert gewesen. Wolle man aber seinerseits Verschulden annehmen, so hafte er nur für culpa in concreto. Es sei ihnen allen bekannt, daß er einen guten Trunk liebe. Im Corpus juris stehe, die Gesellschafter hätten es sich selbst zuzuschreiben, wenn sie sich einen in bestimmter Beziehung unzuverlässigen Sozius erwählten. Ferner sei ein sehr tüchtiger Cellist am Orte, den man hätte als Ersatzmann engagieren können. Fröhlich wandte dagegen ein, man hätte unmöglich das Konzert mit einem Ersatzmann ohne Probe geben können. Zu einer Probe aber sei keine Zeit mehr gewesen.

Wer hat recht?

4. In Dresden verspielte Wolf das Cello und übergab es dem Gewinner.

Erwarb dieser Eigentum?

Konnte die Gesellschaft etwas dagegen machen?

5. Die Gebrüder Strobl und Fröhlich sahen schließlich ein, daß die Gesellschaft mit Wolf unmöglich war, und kündigten ihm daher für sofort. Wolf behauptete, die Kündigung sei erst am Schlusse des Jahres möglich.

Ist das richtig?

6. Hätte auch ein Gläubiger des Wolf der Gesellschaft kündigen können?

7. Wie würde sich die Haftung der Gesellschafter für das Cello gestalten, wenn sie es nur geliehen hätten?

Die Antworten sind unter Angabe der Gesetzesstellen zu begründen.

Arbeitszeit: 4 Stunden.
Hilfsmittel: Jaeger, Reichszivilgesetze.

Aufgabe II.

Die 23jährige, bei einem Münchener Gasthof angestellte Kellnerin Amanda Huber hat am 15. Juni 1923 unehelich einen Knaben geboren, als dessen Vater sie den 30jährigen gegenwärtig in Füssen wohnenden Kutscher Friedrich Wurzer bezeichnet. Dieser verweigert jede Leistung an Kind und Mutter.

I.

Unter der Behauptung, sie habe mit Wurzer, der bis Ende 1922 in dem gleichen Münchener Gasthof als Kutscher angestellt gewesen sei, in der Zeit zwischen August und Dezember 1922 in intimen Beziehungen gestanden, möchte sie für sich auf Ersatz der Wochenbettkosten und des Unterhalts für die ersten sechs Wochen nach Geburt des Kindes mit zusammen 284 Goldmark, für ihren unehelichen Sohn auf einen Unterhaltsbeitrag von monatlich 20 Goldmark bis zur Vollendung des 16. Lebensjahres Klage erheben lassen.

1. Wie hoch ist der Streitwert in Ansehung der Zuständigkeit? Wie hoch in Ansehung der Gerichtskosten?

2. Welches Gericht wäre sachlich zuständig?
3. Könnte in München geklagt werden?
4. Hätte das angegangene unzuständige Gericht in der Sache selbst zu entscheiden, wenn der Beklagte dort verhandelte, ohne die Unzuständigkeit zu rügen?
5. Können schon jetzt für das Kind die künftig fällig werdenden Raten eingeklagt werden?
6. Wäre die Mutter legitimiert, die Unterhaltsklage im Namen ihres Sohnes zu erheben?

II.

Angenommen, es seien bei demselben Gericht zwei getrennte Klagen erhoben, eine für die Mutter durch Rechtsanwalt Berger, eine für das Kind durch Rechtsanwalt Thaler im Auftrag des zum Vormund ernannten Großvaters des Kindes, des Landwirtes Christian Huber:

1. Könnte das Gericht den einen Rechtsstreit aussetzen, bis über den anderen entschieden ist?
2. Könnte es beide Prozesse miteinander verbinden?

III.

Unter der Voraussetzung, das Gericht habe die beiden Prozesse miteinander verbunden, sollen folgende Fragen beantwortet werden:

1. Könnte Beklagter Widerklage erheben auf Feststellung, daß er nicht unehelicher Vater sei? Die klägerischen Anwälte bestreiten dies, weil ein rechtliches Interesse hierfür nicht ersichtlich sei.
2. Wie liegt bezüglich der Klage die Beweislast, wenn Beklagter
   a) die Beziehungen zur Klägerin leugnet?
   b) sie zugibt, aber für eine andere als die Empfängniszeit?
   c) sie für die Empfängniszeit zugibt, aber den Verkehr der Mutter mit anderen Männern für die gleiche Zeit behauptet?
3. Wenn Beklagter seine Beziehungen zur Klägerin nicht leugnet, jedoch behauptet, dieselbe habe „in der

Zeit zwischen 15. August und 15. Dezember 1922 auch anderen Männern die Beiwohnung gestattet", kann er ihr über den so gefaßten Satz einen Eid zuschieben?

4. Wenn der Beklagte den unverheirateten Kellner Meindel als denjenigen bezeichnet, mit welchem die Klägerin während der Empfängniszeit ebenfalls verkehrt habe,
   a) kann er für die Tatsache dieses Verkehrs die Klägerin Huber als Zeugin benennen?
   b) kann er ihr hierüber den Eid zuschieben?
   c) kann er diesen Eid dem Vormund des Kindes zuschieben?
   d) kann er den Meindel als Zeugen benennen? Kann dieser zum Zeugnis gezwungen werden?
5. Wenn in der ersten mündlichen Verhandlung der Anwalt des Kindes erschienen, derjenige der Mutter ausgeblieben wäre, könnte gegen letztere auf Antrag des Beklagten Versäumnisurteil ergehen?

Arbeitszeit: 4 Stunden.
Hilfsmittel: Jaeger, Reichszivilgesetze.

Aufgabe III.

I.

Der Reisende Rößmeier hat der Staatsanwaltschaft am 12. Mai folgende Anzeige unterbreitet:

„Anfangs Mai wohnte ich einige Tage im Gasthof zum Schwert hier. Bei meiner Abreise am 6. Mai übergab ich nach Begleichung meiner Rechnung dem Wirt Witthaber einen Anzug und zwei Hemden, die ich in meinem Koffer nicht unterbringen konnte, zur Aufbewahrung mit dem Bemerken, ich würde die Sachen in einigen Tagen abholen. Als ich dann am 11. Mai zum Zwecke der Abholung im „Schwert" vorsprach, erklärte mir Witthaber, am 10. Mai sei die Polizei dagewesen und habe die Sachen für beschlagnahmt erklärt und mit fortgenommen. Auf der Polizei wurde mir aber auf Nachfrage gesagt, daß Witthabers' Behauptung ganz aus der Luft gegriffen sei. Offenbar handelt es sich um eine bloße Ausrede des Witthaber und dieser hat vielmehr in Wahrheit die Sachen zu seinem Nutzen veräußert und den Erlös eingesteckt. Ich bitte, gegen Witthaber strafrechtlich einzuschreiten."

Wie ist der Fall unter der Voraussetzung der Richtigkeit des Anzeigeinhalts strafrechtlich zu beurteilen?

II.

Im Ermittelungsverfahren als Beschuldigter vernommen, erklärt Witthaber folgendes:

Daß er den Anzug und die zwei Hemden aus Gefälligkeit zur Aufbewahrung übernommen und sie am 11. Mai beim Wiedererscheinen des Rößmeier nicht mehr gehabt habe, sei richtig. Gleichwohl sei er nicht schuldig. Am 10. Mai seien nämlich zwei Männer, davon einer im Dienstanzug eines Polizeibeamten, der andere in Zivil, zu ihm gekommen. Der Erstgenannte habe ihn gefragt, ob Rößmeier bei ihm gewohnt und Sachen zurückgelassen habe. Als er dies bejaht und die Sachen zum Vorschein gebracht habe, habe der als Polizeibeamter Gekleidete die Sachen für beschlagnahmt erklärt, weil sie aus einem Diebstahl herrühren, und ihn (Witthaber) angewiesen, ihm (dem Beamten den Anzug und dem mitgekommenen Zivilisten die Hemden zu übergeben. Er habe dieser Anordnung vollkommen arglos entsprochen und von dem Uniformierten eine Empfangsbestätigung erhalten. Als dann am 11. Mai Rößmeier mit ihm verhandelt habe, sei ihm, was er früher nicht beobachtet gehabt habe, bei Rößmeier ein verkrüppelter Finger aufgefallen, ganz wie er ihn an dem Polizeibeamten wahrgenommen gehabt habe. Er habe dann auf der Polizei unter Vorlegung des Empfangsscheines Nachfrage gehalten und erfahren, daß er einem Schwindler in die Hände gefallen sei: Und nunmehr sei es ihm wie Schuppen von den Augen gefallen: Der falsche Polizeibeamte sei Rößmeier selber gewesen. Der Schwindler habe zwar einen großen schwarzen Bart getragen, während Rößmeier glatt rasiert sei; aber der Bart sei natürlich ein unechter, vorgebundener gewesen. Rößmeiers Zweck bei dem Schwindelmanöver sei augenscheinlich der gewesen: Erstlich die Sachen selber und obendrein noch von ihm (Witthaber) Schadenersatz dafür zu bekommen.

Die Empfangsbescheinigung legt Witthaber in dem Termin vor. Sie lautet: „Einen Anzug und zwei Hemden beschlagnahmt und übergeben erhalten", dann hinter einem unleserlichen Namenszug das Wort „Kriminalwachtmeister". Ein Stempel ist nicht beigedrückt.

Da weitere Erhebungen die von Witthaber gegebene Darstellung und seine Vermutung, daß Rößmeier der falsche Polizeibeamte gewesen sei, bestätigen, erhebt der Staatsanwalt gegen Rößmeier Anklage und stellt ihm auf seine Anzeige gegen Witthaber (I) einen ablehnenden Bescheid zu.

1. Es ist zu erörtern, wie Rößmeiers ganzes Verhalten im Sinne von II strafrechtlich zu beurteilen ist.
2. Steht dem Rößmeier ein prozessualer Behelf gegenüber der Anklage und gegenüber der Ablehnung seiner Anzeige zu?

Arbeitszeit: 4 Stunden.
Hilfsmittel: Allfeld, Strafgesetzgebung.

Aufgabe IV.

Das Verhältnis von Reich und Ländern soll an der Hand folgender Fragen untersucht werden:

1. Was versteht man in einem Bundesstaate unter unitarischen und föderalistischen Elementen und welches sind diese Elemente in der Verfassung des Deutschen Reiches von 1871 und 1919?

2. Mit welchem Rechte kann man sagen, daß in der Reichsverfassung von 1919 der unitarische Charakter des Deutschen Reiches stärker ausgeprägt sei als in der von 1871?

3. Welche staatsrechtliche Bedeutung hat die von der Reichsverfassung von 1919 gebrauchte Bezeichnung „Länder" statt der von der Reichsverfassung von 1871 gebrauchten Bezeichnung „Bundesglieder", „Mitglieder des Bundes", „Bundesstaaten"?

4. Haben die Versailler Verträge von 1870, insbesondere der von Bayern abgeschlossene Vertrag, jetzt noch eine staatsrechtliche Bedeutung?

5. Was versteht man unter der Kompetenzkompetenz des Reiches? Gibt es Schranken für sie?

6. Wie werden Meinungsverschiedenheiten zwischen dem Reich und den Ländern beseitigt?

Arbeitszeit: 4 Stunden.
Hilfsmittel: Buchert, Verwaltungsgesetze und die Reichsverfassung von 1919.

Juristische Universitätsschlußprüfung am Ende des Winterhalbjahres 1924/25.

Aufgabe I.

Der Kaufmann Grün hatte bei dem Schneidermeister Weiß im Februar 1924 einen Anzug bestellt, über dessen Preis nichts vereinbart worden war. Im März 1924 erhielt Grün den Anzug zugestellt und mit ihm eine auf 150 Mk. lautende Rechnung, die er jedoch nicht bezahlte. Anfangs August 1924 überbrachte Weiß dem Grün für den immer noch nicht bezahlten Anzug persönlich wiederum eine Rechnung, die aber nunmehr auf 180 Mk. lautete, mit dem Bemerken, er sei infolge der merklich fortschreitenden Steigerung seiner allgemeinen Geschäftsunkosten leider genötigt gewesen, den Betrag zu erhöhen. Grün erwiderte, er könne die Preiserhöhung nicht anerkennen, im übrigen hoffe er bald zu Geld zu kommen, zur Zeit könne er unmöglich bezahlen.

Am 1. September 1924 verkaufte Weiß seine Forderung von angeblich 180 Mk. an den Handlungsgehilfen Silberstein um 140 Mk. und übergab diesem sofort eine von ihm eigenhändig unterzeichnete Abtretungsurkunde. Grün erfuhr von dieser Abtretung zunächst nichts. Am 1. Oktober 1924 trat Weiß dieselbe Forderung von angeblich 180 Mk. an den Lederhändler Goldberg ab und ließ sich von diesem 120 Mk. dafür geben. Dem Grün teilte Weiß am 8. Oktober in einem Briefe, der an Stelle der Namensunterschrift mit dem Firmenstempel des Weiß versehen war, mit, daß er seine Forderung an Goldberg abgetreten habe.

Silberstein hatte von Grün aus einem fälligen Darlehen, für dessen Rückzahlung sich der Apotheker Misch dem Silberstein lediglich diesem zuliebe ohne Wissen des Grün schriftlich verbürgt hatte, 3000 Mk. zu fordern.

Am 1. November 1924 verlangte Silberstein von Grün Bezahlung seiner beiden Forderungen von 3000 Mk. und von 180 Mk. Grün erklärte ihm kurzweg seine Zahlungsunfähigkeit und verschwieg ihm, daß er am Tage zuvor für seine Schuld aus der Lieferung des Anzugs 150 Mk. an Goldberg bezahlt hatte, der sich damit zufrieden gegeben hatte. Noch am selben Tage wendete sich Silberstein an den Bürgen Misch, der ihm die 3000 Mk. sofort ausbezahlte. Am 15. November 1924 wurde über das Vermögen des Grün der Konkurs eröffnet.

A.

Neben zahlreichen anderen Gläubigern machten nun auch Silberstein und Misch Forderungen geltend:

1. Silberstein meldete unter Vorlage der Abtretungsurkunde die ihm durch Weiß abgetretene Forderung von 180 Mk. an. Der Konkursverwalter wollte nach Anhörung des Grün die Forderung nur bis zur Höhe von 150 Mk. anerkennen; die Erhöhung der Rechnung auf 180 Mk. erklärte er für ungerechtfertigt mit der Begründung, daß es eine allgemeine clausula rebus sic stantibus bei Verträgen nicht gebe. Silberstein machte geltend, auf diese schwierige Frage komme es gar nicht an, denn erstens müsse mangels einer Preisvereinbarung der Gläubiger berechtigt sein, innerhalb der Grenzen der Billigkeit den Preis nach seinem Belieben zu bestimmen, und zweitens habe er die Forderung gutgläubig in der Höhe von 180 Mk. erworben.

2. Misch meldete eine Forderung von 3000 Mk. an; dagegen erhob Silberstein Widerspruch.

Wie sind die Konkursforderungen des Silberstein und des Misch zu beurteilen? Etwaige Verzugsfolgen sind dabei außer Betracht zu lassen.

B.

Der Konkursverwalter verlangte von Goldberg, daß dieser an die Konkursmasse die 150 Mk. zurückzahle, die er von Grün empfangen hatte. Denn nicht Goldberg, sondern Silberstein sei der wahre Cessionar der Forderung des

Weiß gewesen. Goldberg hielt dem entgegen, er sei als gutgläubiger Erwerber der Forderung berechtigt gewesen, sie einzuziehen, worauf der Konkursverwalter erwiderte, die §§ 409 und 410 BGB., auf die Goldberg vermutlich anspiele, setzten eine schriftliche Abtretungsanzeige voraus, durch den Firmenstempel werde aber die Schriftform nicht gewahrt. Goldberg jedoch meinte, aus den §§ 409 und 410 sei die Frage überhaupt nicht zu lösen, sondern nur aus §§ 407 und 408.

Ist das Verlangen des Konkursverwalters berechtigt?

Arbeitszeit: 4 Stunden.
Hilfsmittel: Jaeger, Reichszivilgesetze.

Aufgabe II.

1. Der Kaufmann Keller klagte bei dem Landgerichte Neustadt gegen den Müller Berger eine Kaufpreisforderung ein. Im Termine zur mündlichen Verhandlung bestritt nach Verlesung der Anträge und Vortrag der Klagebegründung der Prozeßbevollmächtigte des Beklagten die Höhe der eingeklagten Forderung; er machte außerdem geltend, daß der Beklagte die Forderung, soweit sie tatsächlich entstanden sei, an den zum Empfang berechtigten früheren Buchhalter des Klägers bezahlt habe, und schob dem Kläger hierüber den Eid zu. Der Anwalt des Klägers erklärte, er müsse sich vor Abgabe weiterer Erklärungen mit seinem Mandanten benehmen. Auf Antrag bestimmte das Gericht neuen Termin zur Fortsetzung der mündlichen Verhandlung.

Alsbald darauf wurde die eingeklagte Forderung für den Privatier Nagel gepfändet und ihm zur Einziehung überwiesen. Nagel trat dem Rechtsstreit als Nebenintervenient zur Unterstützung des Klägers bei.

In dem neuen Verhandlungstermin waren nur die Prozeßbevollmächtigten des Beklagten und des Nebenintervenienten erschienen. Der Vertreter des Nebenintervenienten ermäßigte den Betrag der Klageforderung, bestritt die vom Beklagten behauptete Zahlung und schob diesem den dem Kläger zugeschobenen Eid zurück. Der Anwalt des Beklagten bemängelte die Zulässigkeit der von dem Vertreter des Nagel vorgenommenen Prozeßhandlungen, behauptete, daß Nagel als Hauptintervention hätte auftreten müssen, und beantragte die Zurückweisung der Nebenintervention und die Erlassung eines Versäumnisurteils gegen den nicht erschienenen Kläger.

a) Wie ist das Vorbringen des Prozeßbevollmächtigten des Beklagten zu beurteilen?

b) In welcher Weise sind die von ihm gestellten Anträge zu bescheiden?

c) Welches Rechtsmittel ist gegen die Entscheidungen über die Anträge gegeben?

d) Könnte Nagel in dem Rechtsstreit als Zeuge vernommen werden?

2. Im weiteren Verlaufe des Rechtsstreits wurde dem Beklagten der Eid über die von ihm behauptete Zahlung auferlegt und Termin zur Eidesleistung vor dem Prozeßgericht bestimmt.

Es sollen folgende Prozeßlagen in Betracht gezogen werden:

a) Die Auferlegung des Eides erfolgte durch bedingtes Endurteil. In dem nach Rechtskraft dieses Urteils stattfindenden Termin zur Eidesleistung waren nur der Prozeßbevollmächtigte des Klägers und der Beklagte Berger persönlich anwesend. Berger bat um Vertagung, weil sein Anwalt am Erscheinen verhindert sei. Der Antrag wurde abgelehnt, worauf Berger erklärte, daß er den Eid nicht leiste.

b) Der Eid wurde durch Beweisbeschluß auferlegt. In dem Eidestermin waren nur der Prozeßbevollmächtigte des Klägers und der Beklagte Berger persönlich zugegen. Berger leistete den auferlegten Eid.

c) Die Eidesauferlegung wurde durch Beweisbeschluß angeordnet. In dem Eidestermin war nur der Prozeßbevollmächtigte des Klägers erschienen.

Das Verfahren nimmt jeweils seinen Fortgang in der Weise, daß der Anwalt des Klägers die Erlassung eines Versäumnisurteils gegen den Beklagten beantragt.

Kann das Versäumnisurteil erlassen werden? Wenn nicht, wie hätte der Prozeßbevollmächtigte des Klägers vorgehen sollen?

Die Antworten sind unter Anführung der gesetzlichen Vorschriften zu begründen.

Arbeitszeit: 4 Stunden.
Hilfsmittel: Jaeger, BGB. mit Nebengesetzen.

Aufgabe III.

I.

Die ledige Modistin Rosa Blenk fühlte sich schwanger. Sie wendete sich an den praktischen Arzt Dr. Egon Kraus mit der Bitte, ihr ein Abtreibungsmittel zu verschaffen. Kraus weigerte sich zunächst, auf ihren Wunsch einzugehen. Da aber das Mädchen nicht aufhörte, ihn zu bitten und durchblicken ließ, daß sie sich im Falle endgültiger Weigerung anderwärts das Mittel verschaffen würde, verschrieb er ihr eine völlig harmlose Flüssigkeit, indem er ihr versicherte, das sei ein höchst wirksames Mittel. Als die Blenk ihn für die Ausstellung des Rezeptes bezahlen wollte, erklärte er, nichts anzunehmen. Mit dem Ausdrucke heißen Dankes entfernte sich das Mädchen. Sofort begab sie sich in die Apotheke „zum Engel“, wo sie den noch sehr jungen und wenig erfahrenen Gehilfen Karl Merz antraf. Dieser stellte auf Grund des Rezeptes das Mittel her und behändigte es der Blenk gegen Zahlung des entsprechenden Preises. Über den von dieser verfolgten Zweck wurde nichts gesprochen. Allerdings brachte das aufgeregte und scheue Wesen des Mädchens den Merz auf den

Gedanken, es könnte sich um eine Abtreibung handeln, zumal er Anzeichen von Schwangerschaft bei der Blenk zu bemerken glaubte. Aber er wies den Gedanken sofort zurück, da er dem ihm bekannten Dr. Kraus nicht zutraute, daß er zu einem solchen Vorgehen die Hand bieten würde. Ob das Mittel dem Zweck der Abtreibung diene oder nicht, war dem Merz nicht bekannt und er machte sich hierüber auch keine weiteren Gedanken. Zu Hause angelangt, nahm die Blenk sofort von der Flüssigkeit einen Eßlöffel voll zu sich und weiterhin, wie der Arzt es angeordnet hatte, jeden Tag zwei Löffel, ohne aber die erhoffte Wirkung zu erzielen.

1. Wie sind die Handlungen der Blenk, des Dr. Kraus und des Merz strafrechtlich zu beurteilen? Macht es einen Unterschied, ob die Annahme der Blenk, schwanger zu sein, richtig war oder nicht?

2. Wie wäre die zu 1 dargestellte Handlung des Dr. Kraus zu beurteilen, wenn dieser für das Verschreiben des zur Abtreibung völlig ungeeigneten Mittels sich 50 RM hätte zahlen lassen?

3. Angenommen, Kraus habe der Blenk gegen Zahlung von 50 RM ein Mittel gegeben, das bei öfterem Einnehmen die Abtreibung hätte bewirken können und der Blenk eingeschärft, täglich dreimal je einen Eßlöffel voll davon zu nehmen, die Blenk habe auch einmal einen Löffel genommen, aber dann wegen des widerlichen Geruchs und des hiedurch in ihr hervorgerufenen Ekels es aufgegeben, das Mittel weiter zu nehmen, weshalb auch die Wirkung ausblieb. Wie sind in diesem Falle die Handlungen der beiden zu beurteilen?

4. Wie dann, wenn Dr. Kraus, der allgemein darauf bedacht ist, dem Unwesen der häufigen Abtreibungen zu steuern, der Blenk ein Mittel behändigt, das bei öfterem Gebrauch die Abtreibung bewirken kann, auch geschehen läßt, daß das Mädchen das Mittel einmal nimmt, dann aber die Polizei verständigt, welche die

Blenk festnimmt und dadurch deren weitere Bemühungen, ihre Frucht abzutreiben, abschneidet?

II.

In der Hauptverhandlung machte die Blenk geltend, sie sei einmal die Treppe hinabgestürzt und leide seitdem häufig an Kopfschmerzen, die sie hinderten, klar zu denken, so daß sie bei ihrem Handeln nicht ganz zurechnungsfähig sei. Sie berief sich zum Nachweise hiefür auf das Zeugnis ihrer Mutter Elise Blenk und ihrer Freundin Eva Porsch, die beide im Gerichtssaal anwesend seien. Der Vorsitzende rief die Mutter vor, die aber von ihrem Zeugnisverweigerungsrechte Gebrauch machte. Den Antrag, nunmehr die Freundin zu vernehmen, lehnte das Gericht durch Beschluß ab mit der Begründung, daß, wenn die von der Angeklagten behaupteten Tatsachen wahr wären, die Mutter sich zweifellos hätte vernehmen lassen, da sie ja dann zu Gunsten ihrer Tochter hätte aussagen können; es sei also von der Porsch eine für die Entscheidung wesentliche Aussage nicht zu erwarten.

Ist die Ablehnung des Beweisantrages gerechtfertigt?

Arbeitszeit: 4 Stunden.
Hilfsmittel: Allfeld, Strafgesetzgebung.

Aufgabe IV.

In einer unmittelbaren Stadt ist am 23. November 1921 eine ordnungsmäßig beschlossene, für vollziehbar erklärte und veröffentlichte Polizeiverordnung über „Die Handhabung der Straßenreinlichkeit" erlassen worden. In dieser Polizeiverordnung wird bestimmt:

„Die Besitzer der Anwesen und Grundstücke, die an eine öffentliche oder dem öffentlichen Verkehr dienende Straße oder an einen solchen Platz angrenzen, haben sich zur Erfüllung ihrer Reinigungspflicht der Städtischen Straßenreinigungsanstalt zu bedienen. Zuwiderhandelnde werden mit Geldstrafe bis zu 60 Mk. oder mit Haft bis zu 14 Tagen bestraft."

Am selben Tage erging unter Beachtung der vorgeschriebenen Förmlichkeiten eine Gemeindesatzung, in der die Höhe der von den Besitzern jener Grundstücke an die Städtische Straßenreinigungsanstalt zu entrichtenden Gebühren sowie die Art ihrer Einziehung geregelt wurde.

Eine größere Anzahl von Hausbesitzern bestreitet die Zulässigkeit dieser Polizeivorschrift und Gemeindesatzung. Es wollte nicht bezweifelt werden, — so wird von den Beteiligten ausgeführt —, daß die Reinigungspflicht den Anliegern auferlegt werden könne. Aber es sei unzulässig, die Anlieger zur Benützung einer städtischen Anstalt zwingen zu wollen. Dies sei ein unzulässiger Eingriff in die Freiheit und das Eigentum des Einzelnen, der nur durch den Gesetzgeber selbst vorgenommen werden könne. Jeder Staatsbürger habe das Recht, selbst darüber zu bestimmen, wie er einer öffentlichen Pflicht genügen, insbesondere seine Arbeitskraft gebrauchen wolle. Es liege aber auch ein unzulässiger Eingriff in die Gewerbefreiheit vor; denn wenn durch Polizeiverordnung jeder Anwesensbesitzer gezwungen werde, die gemeindliche Straßenreinigungsanstalt zu benützen, so werde damit tatsächlich jeder Betrieb einer privaten Straßenreinigungsanstalt, möge er von einem Einzelnen oder einer Genossenschaft unternommen werden, unmöglich gemacht. Eine derartige Begründung eines Monopols widerspreche der Gewerbefreiheit.

Die Verordnung sei auch durchaus unzweckmäßig. Überlasse man die Reinigung der Straßen den einzelnen Anwesensbesitzern, so werde die Straßenreinigung besser, und besonders bei eintretenden Schneefällen viel rascher vorgenommen werden als durch eine Anstalt, die von ihren Angestellten abhängig sei und der gerade bei außerordentlichen Ereignissen nicht sofort die erforderliche Anzahl von Arbeitsleuten zur Verfügung stehen werde.

Auch die Bestimmungen des Gemeindestatuts seien unzulässig. Die Gemeinde könne nicht einseitig die „Gebühren" für die Benützung dieser „Gemeindeanstalt" festsetzen. Es handle sich hier um ein rein privatwirtschaftliches Unternehmen der Gemeinde, das den Vorschriften des

Privatrechts unterstehe. Daher müßten die Gebühren durch einen Vertrag des bürgerlichen Rechts festgesetzt werden.

Es ist unter Anführung der einschlägigen gesetzlichen Bestimmungen und unter Würdigung der vorgebrachten Einwände ein Gutachten darüber zu erstatten, ob jene Verordnungen und Satzungen rechtsgültig sind. Gleichzeitig ist festzustellen, ob diese Rechtsfrage von den betroffenen Anliegern einer richterlichen oder verwaltungsrichterlichen Prüfung unterstellt werden kann. Sollte dies der Fall sein, so ist festzustellen, ob das Prüfungsrecht des betreffenden Gerichtes sich auf alle oder nur auf einzelne der hier aufgeworfenen Fragen erstreckt.

Hilfsmittel: Buchert, Verwaltungsgesetze, 3. Auflage; Allfeld, Strafgesetzgebung.

Arbeitszeit: 4 Stunden.

Anmerkung: Das „Selbstverwaltungsgesetz“ ist bei der Bearbeitung der Aufgabe unberücksichtigt zu lassen.

Juristische Universitätsschlußprüfung 1925/26.

Aufgabe I.

1. Ein volljähriger Student der Rechtswissenschaft bestellte anfangs Februar 1924 bei einem Schneider einen Anzug nach Maß zum Preise von 150 Mk.; der Schneider gab den Stoff und alle Zutaten dazu. Der Preis sollte in monatlichen Teilbeträgen von 10 Mk. entrichtet werden, der erste Teilbetrag bei der Abnahme des Anzugs. Nach Abschluß des Vertrages erkundigte sich der Schneider nach den Vermögensverhältnissen des Studenten und erhielt eine so ungünstige Auskunft, daß ihm der Anspruch auf Zahlung mit Recht sehr gefährdet schien. Er erklärte deshalb dem Studenten, daß er den Anzug nur gegen sofortige Zahlung des vollen Preises liefern könne; der Student bestand auf Einhaltung des Vertrages und drohte mit Klagestellung.

Wie ist die Rechtslage zu beurteilen?

2. Auf die Klagestellung wollte es der Schneider nicht ankommen lassen. Am 1. März 1924 übergab er dem Studenten den Anzug und begnügte sich mit der Zahlung des ersten Teilbetrags. Beim Anlegen des Anzugs bemerkte der Student sofort, daß der Rock zu eng war und schlecht saß; an Weste und Hose war nichts zu beanstanden. Durch einen Sachverständigen ließ der Student feststellen, daß der Rock zu knapp zugeschnitten und dieser Mangel nicht mehr zu beseitigen war. Indes dem Studenten blieb in seiner dürftigen Lage nichts übrig, als den Anzug alle Tage zu tragen. Zur Abschneidung jeglichen Mißverständnisses erklärte er jedoch dem Schneider, daß er sich wegen des Mangels alle Rechte vorbehalte. Als dann der Schneider den am 1. April 1924 fällig gewordenen Teilbetrag von 10 Mk. verlangte, verwies der Student auf diese Protesterklärung und verweigerte die Zahlung. Der

Schneider gab zwar den Mangel des Rockes zu, stellte sich aber auf den Standpunkt, daß der Student dadurch, daß er den Anzug bisher ständig getragen, alle Rechte verwirkt habe.

Wie sind diese Fragen zu beurteilen?

3. Die Verhandlungen zogen sich in die Länge. Am 15. April 1924 war noch keine Einigung erzielt; an diesem Tage aber wurde der Anzug durch einen unglücklichen Zufall, nämlich einen Brand im Zimmer des Studenten, vernichtet. Nach Rücksprache mit einem Rechtsanwalt berief sich nunmehr der Schneider auch darauf, daß mit der Übergabe des Anzuges die Gefahr auf den Studenten übergegangen sei. Der Student bestritt dies und verlangte von dem Schneider für den zerstörten Anzug Lieferung eines neuen aus demselben Stoffe, von dem der Schneider noch einen großen Vorrat hatte; dieses Verlangen gründete der Student darauf, daß die Erfüllung der Verpflichtungen des Schneiders noch nicht erfolgt, aber auch nicht etwa unmöglich geworden sei.

Wie sind diese Fragen zu entscheiden?

Die Antworten sind zu begründen.

Arbeitszeit: 4 Stunden.
Hilfsmittel: Jaeger, Reichszivilgesetze.

Aufgabe II.

I.

Der Mühlenbesitzer Müller klagt gegen den Getreidehändler Korn auf Rückzahlung des von ihm an Korn gezahlten Kaufpreises für geliefertes Getreide von 2000 Mk. mit der Begründung, er habe am 19. September Getreide von Korn gekauft, es auch am 23. Oktober geliefert erhalten, aber in einem so feuchten Zustand, daß es schon bei der Verladung seitens des Korn offenbar feucht gewesen sei; es habe von ihm nicht zur Vermahlung gebraucht werden können, weil daraus ein ordentliches Mehl nicht zu gewinnen gewesen sei.

1. Ist der Antrag auf Verurteilung des Korn zur Rückzahlung des Kaufpreises richtig formuliert oder wie hätte er gefaßt werden müssen?

2. Kann bei Ausbleiben des Korn Versäumnisurteil gegen ihn ergehen?

In dem Verhandlungstermin erscheint Korn und weist daraufhin, daß Müller den Mangel nicht rechtzeitig gerügt habe; erst durch Schreiben vom 7. Dezember habe er die Rückzahlung des Kaufpreises verlangt mit der allgemeinen Begründung, das Getreide sei schlecht gewesen.

Müller behauptet nunmehr:

1. Eine Mängelanzeige sei von ihm bereits am 25. Oktober abgesandt worden, was sein Geselle Meier bezeugen könne, auch schiebe er dem Korn den Eid darüber zu, daß er die Anzeige vor dem 28. Oktober empfangen habe.

2. Wenn die Anzeige nicht angekommen sein sollte, so habe er dennoch seine Rechte gegen Korn nicht verloren, denn Korn habe die Feuchtigkeit des Getreides bei der Absendung genau gekannt und auch gewußt, daß er — Müller — eine solche Ware nicht brauchen könne, daher arglistig gehandelt. Er schiebe Korn den Eid darüber zu, daß er Kenntnis von der mangelhaften Beschaffenheit gehabt habe.

Korn erklärt hierauf, das neue Vorbringen sei unzulässig und verspätet, ferner bestreitet er den Empfang einer Mängelanzeige vor dem 7. Dezember und schiebt dem Müller den Eid darüber zu, daß er keine Anzeige im Oktober abgesandt habe.

Alle zugeschobenen Eide werden von dem Gegner angenommen.

1. Muß das Gericht das Vorbringen des Müller in der von ihm gewählten Reihenfolge prüfen?
2. Kann oder muß es das Vorbringen des Müller zurückweisen?
3. Kann das Gericht den Kaufvertrag zwischen den Parteien als Handelskauf behandeln, auch wenn von

keiner Partei darauf hingewiesen ist, daß es sich um einen solchen handelt?

4. Wenn das Gericht zunächst feststellen will, ob die Mängelanzeige angekommen ist, auf welchen Eid wird es erkennen? In welcher Form wird es die Entscheidung treffen?

5. Angenommen, es stünde fest, daß keine Mängelanzeige vor dem 7. Dezember angekommen ist, in welcher Form würde dann über die Frage der Arglist zu entscheiden sein?

II.

Der Handlungsagent Fleißig geht in einer größeren Stadt mit einem kleinen gelben Musterkoffer seinen Geschäften nach. Unterwegs wird ihm der Koffer lästig. Er tritt deshalb in ein Papiergeschäft ein, kauft etwas und bittet den Inhaber des Geschäftes, ob er nicht den Koffer für kurze Zeit unterstellen dürfe. „Jawohl", sagt der Geschäftsmann, „stellen Sie ihn nur dahinten hin." Fleißig tut dies und verläßt unter Dank das Geschäft. Ein Gauner hatte alles durch das Fenster beobachtet; als er gleich darauf sah, daß der Geschäftsmann den Laden verließ und ein junges Ladenfräulein, das vorher nicht im Laden gewesen war, im Laden verblieb, trat er nach kurzer Zeit ein und erklärte, er habe vorhin einen kleinen gelben Koffer dahinten hingestellt und hole ihn jetzt mit Dank wieder ab. Da er alle diese Umstände so genau beschrieb, händigte das Ladenmädchen arglos den Koffer aus. Als der wahre Eigentümer Fleißig den Koffer von dem inzwischen zurückgekehrten Geschäftsmann zurückverlangte, war der Koffer verschwunden. Fleißig verlangt Ersatz, da der Geschäftsmann die Sorgfalt eines ordentlichen Lagerhalters verletzt habe, indem er das Ladenfräulein nicht genügend informiert habe, und da er ferner für Verschulden seiner Angestellten wie für eigenes hafte. Der Geschäftsmann lehnt Ersatz ab und beansprucht sogar „Lagergeld".

Wie ist zu entscheiden?

Arbeitszeit: 4 Stunden.

Hilfsmittel: Jaeger, Zivilgesetze, Reichsgesetzblatt Nr. 36 v. 1924 (Text d. Zivilprozeßordnung).

Aufgabe III.

I.

1. Im Oktober 1925 bot der Hausierer Sierer im Dorfe X. seine Waren an. U. a. legte er dem Bauern Hell ein Paar Hosenträger vor, für das er 4 Mk. als Preis nannte mit dem Hinzufügen: „Billig sind sie ja nicht, aber preiswert; die können Sie bis zu Ihrem seligen Ende tragen.“ Hell erkannte aber, daß die Hosenträger bei weitem nicht 4 Mk. wert waren, und lehnte den Kauf ab. Dagegen nahm der Bauer Stoßer, bei dem Sierer darauf vorsprach, und dem gegenüber er die gleiche Redewendung gebrauchte, unter Zahlung von 4 Mk. im Glauben an die Güte der Hosenträger ein Paar ab. Hat sich Sierer strafbar gemacht?

2. Noch am selben Vormittag trafen sich Hell und Stoßer auf der Dorfstraße; sie kamen auf die Hosenträger zu sprechen und Stoßer erfuhr von Hell, daß er überteuert worden war. Als sie noch beieinander standen, kam Sierer die Straße entlang. Es kam zu einer lebhaften Auseinandersetzung zwischen ihm und Stoßer. Schließlich raunte Hell dem Stoßer zu: „Gib ihm doch einen Stoß, daß er hinfliegt.“ Das tat Stoßer auch. Sierer taumelte von dem Stoß rücklings gegen eine Mauerwand und geriet dabei an den Stiel einer dort aufgehängten Sense; diese fiel herab und stach mit ihrer Spitze dem Sierer ein Auge aus. Stoßer hatte die Sense nicht gesehen. Hell dagegen hatte, als er an Stoßer seine Aufforderung richtete, die gefährliche Nähe der Sense bemerkt und auch bedacht, daß diese beim Herabfallen arges Unheil stiften könne, hatte sich durch diesen Gedanken aber nicht weiter beunruhigen lassen. Wie steht es mit der Strafbarkeit des Hell und des Stoßer?

II.

1. Vor dem Termin zur Hauptverhandlung vor dem erweiterten Schöffengerichte stellte Stoßer seinem Verteidiger den Vorfall so dar: Als er den Sierer zur Rede gestellt habe, habe dieser seinen Knotenstock zum Schlage

gegen ihn geschwungen, und erst daraufhin habe er, in Ausübung seines Notwehrrechts, den Sierer zurückgestoßen. Er bittet den Verteidiger, dafür zu sorgen, daß der 10jäh-jährige Josef Neugierig, der den Vorfall aus nächster Nähe mit angesehen habe und der seine Darstellung bestätigen werde, als Zeuge vernommen werde. Was wird der Verteidiger zu tun haben?

2. Nach Durchführung der Hauptverhandlung, in der Neugierig die Darstellung Stoßers in allen Punkten bestätigt hat, sind die Richter darin einig, daß Stoßer, wenn diese Darstellung richtig sei, wegen Notwehr freigesprochen werden müsse. Im übrigen aber stellen sie sich folgendermaßen zu der Sache: Der erste Richter hat von dem Knaben Neugierig den besten Eindruck gewonnen und erachtet den Notwehreinwand des Stoßer für durchschlagend. Der zweite Richter möchte nicht so weit gehen; er erklärt, daß für ihn die Sachlage zweifelhaft geblieben sei. Die beiden anderen Richter wollen dagegen der Aussage des Neugierig kein Gewicht beimessen und sehen auf Grund der beeidigten Aussage des Sierer den Notwehreinwand Stoßers für hinfällig an. a) Wie hat danach die Entscheidung des Gerichts in der Schuldfrage auszufallen, wenn die Richter nach ihrer vorstehend geschilderten Überzeugung abstimmen? b) War es prozeßrechtlich statthaft, daß sich die Richter auf Grund der Beweisaufnahme verschiedene Meinungen über den Sachverhalt bildeten?

Hilfsmittel: Allfeld, Strafgesetzgebung; Reichsgesetzblatt Nr. 25, 1924.

Aufgabe IV.

Die Reichsregierung bringt im Reichstag den Entwurf eines Arbeitsgesetzes betr. Arbeitszeit, Arbeitslohn, Arbeitervertretung usw. ein, ohne ihn vorher nach RV. Art. 165 Abs. IV dem Reichswirtschaftsrat zur Begutachtung vorgelegt zu haben, und rechtfertigt dies in der Einleitung der Begründung zum Entwurfe damit, daß dieser nur eine Kodifikation bereits geltender, in verschiedenen Gesetzen und Verordnungen zerstreuter Vorschriften sei, also in materieller Hinsicht nichts Neues enthalte.

Der Reichstag schließt sich dieser Auffassung der Reichsregierung an; er unterzieht den Entwurf einer ersten und einer zweiten Beratung und zwischen beiden einer gründlichen Beratung in einem Ausschusse, sieht dann aber, weil die Tagung ihrem Ende entgegengeht und die Zeit knapp ist, von einer dritten Beratung ab und nimmt den Entwurf in der Schlußabstimmung der zweiten Beratung an. Von einem Mitgliede der Reichsregierung auf seine Geschäftsordnung hingewiesen erklärt der Reichstag, diese Geschäftsordnung sei eine rein interne Angelegenheit des Reichstags, und wenn der Reichstag in einem bestimmten Falle durch Mehrheitsbeschluß von seiner Geschäftsordnung abweiche, so gehe dies einen Dritten nichts an; die Reichsverfassung werde dadurch nicht verletzt.

Es sind folgende Fragen zu beantworten:

1. Ist der Reichspräsident formell und materiell berechtigt, die Ausfertigung und Verkündung des Reichsgesetzes auf Grund von RV. Art. 70 abzulehnen?

2. Könnte der Reichspräsident unschlüssig, ob er das Gesetz ausfertigen und verkünden solle oder nicht, das Gesetz nach RV. Art. 73 I zum Volksentscheid bringen in der Weise, daß das Volk darüber abzustimmen hätte, ob das Gesetz verfassungsmäßig zustande gekommen sei oder nicht?

3. In welcher Weise könnte der Reichstag gegen den Reichspräsidenten, der die Ausfertigung und Verkündung des Gesetzes ablehnt, vorgehen?

4. Steht dem Reichswirtschaftsrat ein Rechtsmittel gegen die Reichsregierung wegen Verletzung der RV. Art. 165 Abs. IV zu?

5. Kann der Reichsrat gegen das vom Reichstag beschlossene Gesetz aus dem Grunde Einspruch erheben, daß es nicht verfassungsmäßig zustande gekommen

sei, auch wenn er mit dem Inhalt des Gesetzes einverstanden ist?

6. Nachdem der Reichspräsident unter Zurückstellung seiner Bedenken das Gesetz ausgefertigt und verkündet hat, kommt es zu einer Verhandlung vor dem Schöffengericht zu N., wobei gegen einen Arbeitgeber Anklage wegen Übertretung einer in dem neuen Gesetz enthaltenen Vorschrift erhoben und Antrag auf Verurteilung des Angeklagten gestellt wird. Der Verteidiger des Angeklagten wendet ein, das Gesetz sei nicht verfassungsmäßig zustande gekommen und deshalb ungültig. Das Gericht schließt sich dieser Auffassung an und spricht den Angeklagten frei; ist es dazu berechtigt?

7. Der in seiner Mehrheit linksstehende Stadtrat der unmittelbaren Stadt M., dem einige Bestimmungen des Gesetzes zu arbeitgeberfreundlich sind, verweigert den Vollzug des Gesetzes und beruft sich einmal auf das nach seiner Meinung verfassungswidrige Zustandekommen des Gesetzes und sodann auf das den Gemeinden durch RV. Art. 127 gewährleistete Selbstverwaltungsrecht. Wie ist das Verhalten des Stadtrats zu beurteilen?

Hilfsmittel: Die Reichsverfassung.
Arbeitszeit: 4 Stunden.

Juristische Universitätsschlußprüfung 1926/27.

Aufgabe I.

I.

Es wird angenommen, im Reichstage sei folgender Antrag eingebracht worden:

„Artikel 54 RV. wird aufgehoben.“ (Im folgenden Antrag A genannt).

Bei der Verhandlung über diesen Antrag wäre folgender Eventualantrag eingebracht worden:

„Für den Fall der Annahme des Antrags A wird Artikel 17 Abs. 1, Satz 3 gestrichen“. (Im folgenden Antrag B genannt).

Die Aussprache über diese beiden Anträge hätte Folgendes ergeben:

Die Antragsteller des Antrags A bemerkten, daß damit ein Rechtszustand geschaffen werde, wie er in der deutschen Reichsverfassung von 1871 gegolten habe.

Von gegnerischer Seite wurde hiegegen geltend gemacht: Der Antrag verändere den ganzen Verfassungsaufbau des Reiches und bewirke eine grundlegende Verschiebung der Macht der obersten Reichsorgane. Vor allem würden die Rechte des Volkes dadurch vermindert. Die Vertreter dieser Auffassung erklärten weiterhin, daß sie jedes verfassungsmäßige Mittel anwenden würden, um den Antrag zum Scheitern zu bringen. Ihre Parteien seien im Reichsrate in der Mehrheit; wenn der Reichsrat den Gesetzentwurf ablehne, womit sicher zu rechnen sei, so sei der Entwurf gescheitert. Sollte aber wider Erwarten der Reichsrat auf den Antrag eingehen, so würden sie das Volk anrufen und durch einen Volksentscheid die geplante Verfassungsänderung unmöglich machen.

Die Vertreter des Antrags B begründeten ihren Antrag mit der Erwägung, daß was dem Reiche „Recht“ sei, auch den Ländern „billig" sein müsse. Wenn das Reich den Art. 54 RV. aufhebe, müßten auch die Länder von der Fessel des Art. 17 Abs. 1, Satz 3 befreit werden.

Von anderer Seite wurde hiegegen Widerspruch erhoben und vorgebracht, das Reich sei gar nicht berechtigt, den Art. 17 ohne Zustimmung der Länder zu ändern. Die Länder hätten ein Recht darauf, daß der einmal verfassungsmäßig begründete Zustand nicht über ihren Kopf weg von heute auf morgen geändert werde. Der Antrag B errege aber auch sachlich die schwersten Bedenken. Würde ihm stattgegeben werden, so gerate die Verfassung der Länder ins Wanken, man müsse ihnen Zeit geben, sich umzustellen.

Von anderer Seite wurde gesagt: Wenn der Antrag B durchginge, so sehe man zunächst nicht, wie die Stellung der Regierung in den Ländern sich gestalten solle, die Länder würden genötigt sein, ein weiteres Staatsorgan in ihre Verfassung einzuführen.

Es ist ein kurzes Gutachten unter Angabe von Gründen über folgende Rechtsfragen zu erstatten, wobei insbesonders auch die in den Verhandlungen geltend gemachten rechtlichen Gesichtspunkte zu würdigen sind:

1. Kann die Änderung der Reichsverfassung im Sinne des Antrags A durch den Reichsrat oder die Reichsbürgerschaft verhindert werden?
2. Bedürfte der Antrag B der Zustimmung der Länder?
3. Welche staatsrechtliche Bedeutung hat Antrag A?
4. Inwiefern würde durch den Antrag A eine Verschiebung in der Machtverteilung unter den obersten Reichsorganen eintreten?
5. Wie wäre die staatsrechtliche Lage der Länder, wenn der Antrag B angenommen werden würde?

II.

Aus welchen Bestimmungen der Reichsverfassung ergibt sich hauptsächlich der föderalistische Charakter des Reichs?

Die einschlägigen Bestimmungen sind mit kurzer Begründung anzuführen.

Hilfsmittel: Text der Reichsverfassung.
Arbeitszeit: 4 Stunden.

Aufgabe II.

1. Der Gastwirt Baum hatte in seiner Waldparzelle mit seinem 17 jährigen, klugen und besonnenen Hausburschen Rupp Brennholz gefällt. Am folgenden Tage schickte er den Rupp mit dem Fuhrwerk hinaus, um das Holz zu holen. Der Holzstoß lag tief im Wald, über 1 Stunde entfernt. Auf der Straße dorthin traf Rupp den 19 jährigen Stein, der eine Schachtel Nägel bei sich trug. Dieser bemerkte zu Rupp: „Du hast es viel bequemer, wenn Du das Holz des Voß abfährst, das gleich am Anfange des Waldes liegt. Dein Herr wird das nicht merken. Ich helfe Dir dann dabei. Aber Du könntest mir dafür helfen, diese Nägel auf der Straße unauffällig zu verstreuen; sie sollen ein paar Autoreifen zum Platzen bringen." Rupp erwiderte: „Der Vorschlag mit dem Holz ist mir recht. Aber beim Nägelausstreuen tue ich nicht mit. Da könnte leicht ein schweres Unglück geschehen." Stein meinte darauf: „Da passiert weiter nichts, als daß es ein paar neue Reifen gibt. Mir wäre es übrigens gleich, wenn ein Autofahrer dabei umkäme. Aber das ist ja ganz ausgeschlossen; die Straße ist doch gar nicht abschüssig." Trotz der Absage des Rupp hinsichtlich des Nägelstreuens lud Stein mit ihm gemeinsam das Holz des Voß auf das Fuhrwerk. Dann verstreute er die Nägel allein. Bald darauf fuhr ein Kraftwagen über die Nägel. Die Folge war, daß ein Gummireifen platzte, der Wagen an einen Baum anrannte und der Fahrer Klein herausgeschleudert wurde. Er wurde zunächst starr vor Schrecken, zitterte dann am ganzen Körper und erholte sich erst nach ein paar Stunden. Im übrigen hinterließ der Sturz keinerlei körperliche Spuren. Klein stellte Strafantrag.

Auf die Ermittlung des Täters setzte die Staatsanwaltschaft eine Belohnung aus. Im Vertrauen darauf, daß Rupp mit Rücksicht auf seine Jugend doch straflos ausgehen werde, erzählte Stein einem Schutzmann, er habe den Rupp angetroffen, wie er mit dem Holz des Voß auf dem Wagen die Nägel verstreute. Der Schutzmann solle dies der Staatsanwaltschaft berichten, damit sie dem Stein als Anzeiger die Belohnung auszahle.

Der Schutzmann setzte zunächst den Voß davon in Kenntnis, daß Rupp dessen Holz weggefahren habe. Sodann fragte er den herbeigeholten Rupp in Gegenwart des Stein aus. Dabei kam der wahre Tatbestand ans Licht. Infolgedessen kam es nicht zu dem von Stein gewünschten Bericht an die Staatsanwaltschaft, sondern zu einer dienstlichen Anzeige gegen den Stein.

Voß war mittlerweile zu Baum gegangen, den er für den Urheber des Streiches mit dem Holz ansah. Er rief dem Baum zu: „Du alter Schuft, wo hast Du mein Holz hingebracht.“ Baum, der von nichts wußte, entgegnete: „Unverschämter Kerl, suche Dein Holz anderswo.“

Wie sind diese Vorgänge strafrechtlich zu beurteilen? (Landesstrafrecht ist nicht in Betracht zu ziehen).

2. Baum erhob gegen Voß Privatklage. In der Hauptverhandlung beantragte Voß Einstellung des Verfahrens, weil Baum übersehen habe, in seiner Privatklageschrift auch Strafantrag zu stellen. Auch um deswillen sei Einstellung geboten, weil man auf Grund der irrigen Annahme, daß die Wohnung des Voß in einem anderen Gemeindebezirk liege, von einem Sühneversuch abgesehen habe. Wenn das Gericht nicht einstellen wolle, beantrage er wenigstens Straffreierklärung.

Wie sind diese Anträge zu beurteilen?

Arbeitszeit: 4 Stunden.
Hilfsmittel: Allfeld, Strafgesetzgebung. Reichsstrafprozeßordnung (RGBl. Nr. 25 1924). Auszug aus dem Jugendgerichtsgesetz.

Auszug

aus dem Jugendgerichtsgesetz vom 16. Februar 1923.
(RGBl. I S. 135).

Erster Abschnitt.

§ 1. Ein Jugendlicher im Sinne dieses Gesetzes ist, wer über 14, aber noch nicht 18 Jahre alt ist.

§ 2. Wer eine mit Strafe bedrohte Handlung begeht, ehe er 14 Jahre alt geworden ist, ist nicht strafbar.

§ 3. Ein Jugendlicher, der eine mit Strafe bedrohte Handlung begeht, ist nicht strafbar, wenn er zur Zeit der Tat nach seiner geistigen oder sittlichen Entwicklung unfähig war, das Ungesetzliche der Tat einzusehen oder seinen Willen dieser Einsicht gemäß zu bestimmen.

§ 4. Die Strafbarkeit des Anstifters und Gehilfen, des Begünstigers und Hehlers wird durch die Vorschriften der §§ 2, 3 nicht berührt.

§ 5 ff.

Dritter Abschnitt.

§ 43. Die §§ 2 und 45 Abs. 1 treten mit der Verkündung in Kraft; im übrigen tritt das Gesetz mit dem 1. Juli 1923 in Kraft.

§ 44 ff.

§ 47. Die §§ 55 bis 57 des Strafgesetzbuches, ... werden aufgehoben.

Aufgabe III.

Die offene Handelsgesellschaft Gebrüder Schlesinger betreibt ein Warenhaus. Als der eine der beiden Gesellschafter, Eugen Schlesinger, während einer Erholungsreise längere Zeit abwesend ist, benutzt der jüngere Bruder Felix, der andere Gesellschafter, die Zeit seines Alleinregiments dazu, um das Geschäft durch eine großzügige Reklame vorwärts zu bringen. Er kündigt in den Zeitungen eine „weiße Woche“ an und preist dabei u. a. reinseidene Schirme zu 4,95 RM das Stück an.

Die Käufer der Schirme entdecken alsbald, daß deren Bezug keinen Seidenfaden aufweist, und so sieht Eugen nach Rückkehr von der Reise seine Firma sowohl in Prozesse mit den Käufern der Schirme wie mit der örtlichen Konkurrenz verstrickt.

I. Welche Klagen können die Käufer der Schirme gegen die offene Handelsgesellschaft mit Aussicht auf Erfolg erheben, und welche Klaganträge haben sie dabei zu stellen?

II. Mit welchem Klagantrage können die Konkurrenzunternehmer des Ortes, denen durch die Schwindeleien des Felix Schlesinger ihr Frühjahrsgeschäft zum Teil verdorben ist, vorgehen, und können auch sie die offene Handelsgesellschaft selbst verklagen?

III. Falls die offene Handelsgesellschaft hat Ersatz leisten müssen, kann sie sich an Felix Schlesinger schadlos halten?

Felix, dem alle gesetzlichen Rechte und Befugnisse eines Gesellschafters zustehen, hat Abweisung der Klage beantragt mit der Begründung, daß er gemäß § 115 Abs. 1 HGB. der Klagerhebung gegen ihn widersprochen habe.

Die Antworten sind unter Angabe der Gesetzesstellen näher zu begründen.

Arbeitszeit: 4 Stunden.
Hilfsmittel: Jaeger, Reichszivilgesetze 3., 4. oder 5. Aufl. Zu Jaeger 3. Aufl. RGBl. 1924 I Nr. 36 (Zivilprozeßordnung).

Aufgabe IV.

Der ledige Kunstmaler Heinrich Kurz hatte im Jahre 1924 in einem formgerechten eigenhändigen Testamente den jüngeren seiner beiden Brüder, den Bildhauer Emil Kurz, zu seinem alleinigen Erben eingesetzt, zugleich aber bestimmt, daß sein Landhaus in Berchtesgaden in den nächsten 20 Jahren, wenn es überhaupt verkauft werde, unter allen Umständen „in der Familie bleiben" solle und nicht an einen Fremden veräußert werden dürfe. Weitere Anordnungen enthielt das Testament nicht.

Am 10. Februar 1925 starb Heinrich Kurz. Emil Kurz ließ sich alsbald einen Erbschein ausstellen und das Landhaus im Grundbuch auf seinen Namen umschreiben.

Im September 1926 verkaufte Emil Kurz trotz des Widerspruchs seines älteren Bruders Franz und eines Onkels das Landhaus an den mit ihm weder verwandten noch verschwägerten Schriftsteller Eder. Er war mit diesem in mündlicher Besprechung einig geworden, daß der Kaufpreis 38000 *RM* betrage, ebenso aber, daß er bei der notariellen Beurkundung der Gebührenersparnisse halber dem Notar nur mit 26000 *RM* angegeben werden solle. Dies geschah auch und der Notar beurkundete den Kaufvertrag mit einem Kaufpreis von 26000 *RM*. Am 5. Oktober 1926 wurde Eder als Eigentümer in das Grundbuch eingetragen.

1. Als Franz Kurz von dem Verkauf des Landhauses erfuhr, wandte er sich an einen Rechtsanwalt mit den Fragen:

a) ob die Eigentumsübertragung an Eder nicht deshalb rückgängig gemacht werden könnte, weil sie der testamentarischen Bestimmung widerspreche, daß das Landhaus in der Familie bleiben solle und nicht an einen Fremden veräußert werden dürfe;

b) ob nicht bewirkt werden könne, daß diese Verfügungsbeschränkung in das Grundbuch eingetragen werde;

c) wenn auf diesem Wege nichts zu erreichen sei, ob es nicht sonst ein Mittel gebe, den Erben zur Erfüllung des letzten Willens zu zwingen.

Was wird ihm der Rechtsanwalt antworten? Ist es von Bedeutung, ob Eder die testamentarische Verfügungsbeschränkung kannte?

2. Am 12. Oktober 1926 forderte Emil Kurz von Eder den noch nicht bezahlten, aber auch nicht gestundeten, mündlich vereinbarten Kaufpreis von 38000 *RM*.

Eder erwiderte ihm:

a) er halte den Kauf, der ihn übrigens reue, und die Eigentumsübertragung für nichtig und werde beim Grundbuchamt die Löschung des Eintrags über den Eigentumsübergang beantragen;

b) selbst wenn der Kauf gültig sein sollte, habe er keinesfalls 38000 *RM*, sondern nur 26000 *RM* zu bezahlen.

Eder widersprach dem.

Wer hat Recht?

3. Emil Kurz trat am 20. Oktober 1926 die bestrittene Kaufpreisforderung, die er als in der Höhe von 38000 *RM* bestehend bezeichnete, schriftlich an den Privatmann Karl Lang um 30000 *RM* ab. Hinterher stellte sich heraus, daß Lang, weil er wegen Geistesschwäche seine Vermögensangelegenheiten nicht sachgemäß zu besorgen vermochte, für diese vom Gericht einen Pfleger erhalten hatte. Der Pfleger wußte von der Abtretung nichts.

Ist die Abtretung wirksam?

Die Antworten sind zu begründen.

Arbeitszeit: 4 Stunden.
Hilfsmittel: Jaeger, Reichszivilgesetze.

Juristische Universitätsschlußprüfung 1927/28.

Aufgabe I.

I.

Am 1. Juni 1927 kam der Bauer August Maucher zu dem Pferdehändler Otto Fischer und äußerte die Absicht, für die bevorstehende Ernte ein jüngeres Pferd zu kaufen. Da ihm die Preise der vorgeführten Pferde zu hoch waren, bot ihm Fischer schließlich einen jüngeren Braunwallachen gegen Übernahme des älteren Schimmels, mit dem sich Maucher bisher beholfen hatte, und gegen ein Aufgeld von 400 *RM* an. Maucher erklärte sich einverstanden. Die Übergabe der Pferde sollte erfolgen, sobald Maucher das Aufgeld gezahlt hätte, jedoch nicht vorher. Am 20. Juni 1927 schrieb Maucher dem Pferdehändler, er trete von dem Vertrage zurück, da ein schwerer Hagelschlag seine ganze Getreideernte vernichtet habe und er deshalb weder das Pferd für die Ernte brauche noch das Geld dafür aufbringen könne. Fischer schrieb ihm zurück, das gehe ihn nichts an, er wolle Maucher aber dadurch entgegenkommen, daß er ihm, allerdings gegen Ersatz der Fütterungskosten für den Braunwallachen, bis zum 20. August 1927 Stundung gewähre; im übrigen müsse er an den Vertragsbedingungen festhalten und spätestens auf den 20. August 1927 die Erfüllung des Vertrags verlangen. Maucher antwortete nicht und ließ auch am 20. August 1927 nichts von sich hören. In der Nacht vom 30. auf den 31. August 1927 wurde in dem Stall des Fischer eingebrochen; der dem Maucher verkaufte Braunwallach ist seither verschwunden. Der Verdacht lenkte sich auf Maucher, der Bekannten gegenüber geäußert hatte, er werde sich schon zu helfen wissen, der Fischer bekomme sein Geld nicht. Die gegen Maucher geführte Voruntersuchung endigte jedoch mangels Beweises mit der Außerverfolgungsetzung des Angeschuldigten. Nunmehr klagte Fischer gegen Maucher auf Übergabe des Schimmels und Erklärung des Einverständnisses mit dem Eigentumsübergang auf den Kläger, ferner auf Zahlung des Aufgeldes von 400 *RM*. Er machte geltend, Maucher sei der Dieb oder habe zum mindesten den Diebstahl veranlaßt, worüber er ihm den Eid zuschob; übrigens müsse das Abhandenkommen des Pferdes von dem Beklagten auch schon wegen seiner Säumigkeit in der Vertragserfüllung getragen werden. Der Beklagte bestritt entschieden jeden Zusammenhang mit dem Diebstahl und nahm den Eid an. Er ließ weiter ausführen, abgesehen von dem Gesichtspunkt des Diebstahls sei kein Rechtsgrund ersichtlich, aus dem er verurteilt werden könnte. Überhaupt sei der ganze Vertrag durch seinen Rücktritt hinfällig geworden.

Wie ist zu entscheiden?

II.

Die Schuhmachereheleute Karl und Anna Maier haben sich in einem gemeinschaftlichen Testament gegenseitig zu Erben eingesetzt. Beim Tode des Letztversterbenden soll der ganze Nachlaß zu gleichen Teilen an die 3 Kinder Robert, Adolf und Luise fallen. Der überlebende Gatte soll alle Befreiungen genießen, die gesetzlich zulässig sind, doch soll er gehalten sein, den Kindern die Substanz des Vermögens zu erhalten. Am 1. August 1926 starb der Ehemann Maier. Die 70jährige Witwe betrieb das Schuhmachergeschäft mit Hilfe eines Gesellen weiter. Als die Tochter Luise, die ihr den Haushalt führte, im Frühjahr 1927 den Gesellen ihrer Mutter, Anton König, heiratete, schloß die Mutter mit den Eheleuten König einen notariellen Vertrag, wonach sie das ganze, von ihrem Mann ererbte Anwesen nebst Einrichtung und Werkstätte den Ehegatten um 20000 *RM* überließ. Der Kaufpreis sollte dadurch gezahlt sein, daß die Mutter lebenslänglich in der Familie ihrer Tochter freie Kost und Wohnung haben sollte. Die Eheleute König wurden als neue Eigentümer des Anwesens im Grundbuch eingetragen. Als die beiden Söhne Robert und Adolf davon erfuhren, fühlten sie sich schwer benachteiligt und verklagten ihre Mutter und die Eheleute König auf Feststellung der Ungültigkeit der Eigentumsübertragung an dem väterlichen Anwesen.

Welche Auslegungsmöglichkeiten läßt das Testament zu?

Hat die Klage Aussicht auf Erfolg?

Die Antworten sind unter Angabe der Gesetzesstellen zu begründen.

Arbeitszeit: 4 Stunden.
Hilfsmittel: Jaeger, Reichszivilgesetze 3., 4. oder 5. Auflage. Zu Jaeger 3. Auflage RGBl. 1924 I Nr. 36 (Zivilprozeßordnung).

Aufgabe II.

Die in München bedienstete zwanzigjährige Tochter Marie des Landwirts Schuster in Passau ist in München auf der Rückfahrt vom Markte beim Absteigen von der vorderen Plattform des Triebwagens der Straßenbahn verunglückt. Und zwar nach ihrer Behauptung aus dem Grunde, weil der Schaffner Klingler, als sie noch mit Körben beladen, im Aussteigen begriffen gewesen sei, zu früh das Abfahrtssignal gegeben, aber auch, weil der Führer Raßler obgleich er ihre gefährliche Lage bemerkt habe oder doch bei Anwendung der erforderlichen Sorgfalt hätte bemerken müssen, den Wagen auch seinerseits ohne Glockensignal, mit plötzlichem Ruck in Bewegung gesetzt habe. Die Folge des Unfalls war ein komplizierter Beinbruch der Schuster, welcher eine mehrmonatige Krankenhausbehandlung erforderlich machte und eine dauernde Steifheit des Beines zurückließ. Die Kurkosten betrugen 250 *RM*, der Lohnentgang während der Krankenhausbehandlung 100 *RM*; die Minderung der Erwerbsfähigkeit nach Schätzung des behandelnden Arztes 50%. Wegen der Kurkosten, des Lohnentgangs und eines Schmerzengeldes von 150 *RM*, sowie wegen des noch zu besorgenden Schadens soll gegen die Stadt München als Unternehmerin der Straßenbahn Klage erhoben werden.

I.

Bezüglich der Klage wird gefragt:

1. Wie ist der Klageantrag zu formulieren? Kommt es darauf an, ob sich der künftige Schaden aus der verminderten Erwerbsfähigkeit schon jetzt ziffernmäßig benennen und beweisen läßt? Kann die Beklagte mit Recht geltend machen, die Klage sei wenigstens bezüglich des künftigen Schadens verfrüht?

2. Wäre beim Amts- oder Landgericht, in Passau oder in München zu klagen? Nach welchen Grundsätzen wäre der Streitwert wegen der Zuständigkeit zu berechnen?

3. Wer hat die Klage zu erheben? Wer ist Klagpartei?

II.

Die Stadt München läßt vortragen, sie sei nicht ersatzpflichtig, da der Unfall durch eigene grobe Fahrlässigkeit der Klägerin verursacht worden sei, indem sie sich, in lebhafter Unterhaltung mit einer anderen Köchin begriffen, zu spät zum Aussteigen angeschickt und sich dabei höchst aufgeregt und ungeschickt benommen habe. Überdies betrage die Verminderung der Erwerbsfähigkeit höchstens 25% und sei der zu besorgende künftige Schaden geringer, als von der Klagseite behauptet.

1. Wie liegt die Beweislast:

a) bezüglich des Verschuldens der Straßenbahnbeamten? (Würde Schuldlosigkeit derselben notwendig zur Klagabweisung führen?)

b) bezüglich des groben Verschuldens der Klägerin?

c) bezüglich der Schadenshöhe? Gilt hier eine gewisse Beweiserleichterung?

2. a) Wenn die Beklagte ihre Beamten Klingler und Raßler als Zeugen für die grobe Fahrlässigkeit der Klägerin benennt, können sie wegen Befangenheit

abgelehnt werden? Können sie das Zeugnis verweigern? Sind sie im Falle der Aussage zu vereidigen?

b) Wären alle Fragen gleich zu beantworten, wenn die Genannten von der Klagseite als Zeugen bezeichnet wären?

3. Angenommen, die beiden Beamten wären wegen des Vorfalls zu einer Strafe wegen Körperverletzung verurteilt worden, hätte dies Einfluß auf den gegenwärtigen Zivilprozeß?

4. Wenn über ein bestimmt bezeichnetes Verhalten der Klägerin beim Aussteigen aus dem Straßenbahnwagen ein Eid zugeschoben werden soll, an wen und in welcher Form ist zuzuschieben? In welcher Form ist er zu leisten? Kann er zurückgeschoben werden?

5. Wenn das Gericht nicht ohne zeitraubende Beweisaufnahmen die Schadenshöhe festzustellen vermag, kann es wenigstens vorweg über die „Schuldfrage" entscheiden? Oder worüber sonst? Wäre letztere Entscheidung Vorbehaltsurteil? Teilurteil? Zwischenfeststellungsurteil nach § 280 ZPO.? Wäre sie selbständig anfechtbar?

6. Wenn das Gericht über die Kurkosten, den Lohnentgang und das Schmerzensgeld vorab entscheiden will, welches Urteil kann es erlassen? Wäre dieses Urteil anfechtbar?

Arbeitszeit: 4 Stunden.
Hilfsmittel: Jaeger, Reichszivilgesetze. 3., 4. oder 5. Auflage. Zu Jaeger, 3. Auflage RGBl, 1924 I Nr. 36 (Zivilprozeßordnung).

Aufgabe III.

I.

Die Wäscherin Bügel mußte wegen großer Geldverlegenheit bei der Mietzinszahlung ihrem Hauswirt Streng 5 *RM* schuldig bleiben. Er erklärte ihr, wenn er die 5 *RM* nicht binnen 3 Tagen erhalte, werde er in dem Ehescheidungsprozeß, den sie mit ihrem Manne führe und in dem er demnächst als Zeuge vernommen werde, beschwören, daß sie einen Liebhaber habe; sie habe ihm selbst gesagt, daß viele ihrer Kunden die Wäschestücke nicht nachzählen; deshalb müsse es für sie ein leichtes sein, einzelne Stücke bei einem Trödler in Geld umzusetzen.

Frau Bügel hat, wie Streng wußte, keinen Liebhaber. Sie hielt aber seine Drohung für ernst, traute ihm die Handlung zu und tat deshalb, was er ihr angesonnen hatte. Sie verkaufte am nächsten Tage einige dem stud. jur. Bommel gehörende Wäschestücke um 5 *RM* dem Trödler Ramsch, dem ihre Verhältnisse genau bekannt waren, der insbesondere auch wußte, daß sie allein, getrennt von ihrem Manne lebte. Sie händigte die 5 *RM* Streng aus und teilte ihm den Sachverhalt mit.

Wider Erwarten entdeckte Bommel den Abgang der erwähnten Wäschestücke. Sein Verdacht richtete sich aber nicht gegen die Bügel, sondern gegen das Dienstmädchen seiner Vermieterin Babette. Von ihm zur Rede gestellt, war Babette empört und richtete sofort ein Schreiben an die Staatsanwaltschaft, in dem sie seine Bestrafung wegen Beleidigung beantragte und beifügte: „Wenn Wäschestücke fehlen, so hat sie die Bügel gestohlen. Ich verlange deren Bestrafung, damit meine Unschuld an den Tag kommt.“ Die Bügel ihrerseits beantragte bei ihrer Vernehmung durch den Amtsrichter nach §§ 136, 162 StPO. die Bestrafung ihres „Verführers“ Streng, während Bommel erklärte, er habe keine Lust, in der Sache irgend etwas zu tun.

Haben sich die Bügel, Streng, Ramsch und Bommel strafbar gemacht; welche strafbaren Handlungen fallen ihnen zur Last?

Sind sie alle strafrechtlich verfolgbar?

Welche Antwort wird die Staatsanwaltschaft der Babette erteilen?

II.

Streng beantragte, nachdem er in der ersten Instanz verurteilt worden war, in der Hauptverhandlung vor dem Berufungsgericht die Vernehmung des Landgerichtsarztes darüber, daß er geistig nicht normal sei. Das Gericht wies den Antrag mit der Begründung ab, daß es sich die Entscheidung über den Geisteszustand des Streng selbst zutraue.

Streng legte gegen das Urteil des Berufungsgerichts, das die Berufung zurückwies, Revision ein und begründete sie in der vorgeschriebenen Form und Frist damit, die Abweisung des Beweisantrags sei unzulässig gewesen; auch habe einer der Schöffen mit dem Schlafe gekämpft; wiederholt seien ihm vor Müdigkeit die Augen vorübergehend zugefallen.

Gegen Ramsch wurde durch Strafbefehl eine Gefängnisstrafe festgesetzt. Nach Ablauf der Einspruchsfrist beantragte er zu Protokoll des Gerichtsschreibers die Wiederaufnahme des Verfahrens und brachte zur Begründung vor, er sei unschuldig, er habe nicht gewußt, daß die Bügel nicht berechtigt gewesen sei, die Wäschestücke an ihn zu verkaufen; er habe nur deshalb keinen Einspruch eingelegt, weil er gehofft habe, daß dann über sein Tun in der Öffentlichkeit nichts bekannt werde.

Wie sind die von Streng geltend gemachten Revisionsgründe zu beurteilen?

Wie ist der Antrag auf Wiederaufnahme des Strafverfahrens gegen Ramsch zu bescheiden?

Arbeitszeit: 4 Stunden.
Hilfsmittel: Allfeld, Strafgesetzgebung; RGBl. Nr. 25 1924.

Aufgabe IV.

In einer Ortschaft hatten sich auf der an die Ortsstraße angrenzenden Dorfwiese der Zigeuner A., der mit seiner Frau B. in einem dürftigen Wohnwagen wohnt, und der erwerbslose ledige Kesselflicker C. gelagert. Der

Gendarmeriewachtmeister des Ortes verbot ihnen namens des Bürgermeisters das Lagern an diesem Platze, forderte sie auf, ihre Ausweispapiere vorzulegen, nahm sie, da sie solche Papiere nicht besaßen, fest und verbrachte sie in das Amtsgerichtsgefängnis.

Ein junger Rechtsanwalt, der den Vorgang beobachtet hatte, nahm sich des Falles an und so kam es zu einer Verhandlung vor dem Amtsgericht, wo gegen die drei Personen gemäß Art. 17 Abs. 1 des Zigeuner-Gesetzes wegen Zuwiderhandlung gegen Art. 5 Abs. 1, Art. 6 und Art. 7 Abs. 1 dieses Gesetzes Anklage erhoben wurde. In der Verhandlung wurde festgestellt, daß A. und B. staatenlos, C. dagegen hamburgischer Staatsangehöriger sei.

Bei der Verteidigung der 3 Angeklagten führte der Rechtsanwalt aus:

Eine Verurteilung könne nicht erfolgen, weil überhaupt ein gültiger Rechtssatz, gegen den die Angeklagten verstoßen hätten, nicht bestehe.

Eine Pflicht, einen Ausweis bei sich zu führen, könne durch Landesgesetz nicht eingeführt werden. Dem stehe die ausdrückliche Vorschrift der §§ 1, 2 des Paß-Gesetzes entgegen. Der Fall des § 9 des Paß-Gesetzes sei nicht gegeben, denn es fehle an dessen Voraussetzungen. Die Anklage nach § 5 Ziff. 1 des Zigeuner-Gesetzes sei lächerlich zu nennen, denn 3 Personen, die zusammen reisten, könne man nicht als eine „Horde" bezeichnen. Übrigens ständen dem auch Art. 123 und Art. 124 RV. entgegen.

Eine Bestrafung nach Art. 6 Abs. 1 des Zigeuner-Gesetzes sei nicht möglich, weil diese Bestimmung — wenigstens, soweit es sich um C. handle — eine unzulässige Beschränkung des in Art. 111 RV. verbürgten und im Freizügigkeitsgesetze besonders in dessen § 1 Abs. 1 Ziff. 1 und 3 geregelten Grundrechts der Freizügigkeit sei. Eine Beschränkung dieses Grundrechts könne durch Landesgesetz nicht erfolgen.

Übrigens widerspreche die Bestimmung, wenn er sich recht erinnere, auch einem Grundrechte der Bayerischen Verfassung, auf das C. als hamburgischer Staatsangehöriger denselben Anspruch habe wie die bayerischen Staatsangehörigen. Er behalte sich vor, wegen Beschränkung dieses Grundrechts Beschwerde zum Bayerischen Staatsgerichtshofe zu erheben.

Der Staatsanwalt erwiderte: Zunächst müsse er es zurückweisen, daß hier überhaupt die Frage aufgeworfen werde, ob ein bayerisches Landesgesetz für den Richter bindend sei. Der Richter sei nach der ausdrücklichen Bestimmung der Verfassung an das Gesetz gebunden. In unserem Staate gelte der Grundsatz der Trennung der Gewalten. Dieser Grundsatz bedeute, daß kein Organ in den Bereich des anderen übergreifen dürfe. So wenig also etwa der Landtag, der das Organ der Gesetzgebung sei, einen Rechtsstreit entscheide, ein Strafurteil erlassen dürfe, so wenig dürfe der Richter etwa ein Gesetz für ungültig erklären, denn sonst würde er in den Bereich der Gesetzgebung übergreifen. Es würde dem ganzen Verfassungsbau widersprechen, wenn ein einfaches Amtsgericht ein Staatsgesetz aufheben könne.

Wenn man behaupten wolle, daß ein Landesgesetz mit dem Reichsrechte nicht vereinbar sei, so bestehe ausschließlich der Weg des Art. 13 Abs. 2 RV.; solange aber ein Urteil des Reichsgerichts nicht ergangen sei, müsse das Landesgesetz für gültig erachtet werden. Er wolle daher auf das Vorbringen des Verteidigers gar nicht weiter eingehen; er bemerke nur hinsichtlich der angekündigten Beschwerde zum Staatsgerichtshof, daß sie für das vorliegende Verfahren keine Bedeutung besitze. Aber auch im übrigen schienen ihm die Voraussetzungen hierfür durchaus zu fehlen.

Das Gericht verurteilte die Angeklagten.

Das zuständige Bezirksamt trat nun in Erwägungen darüber ein, ob Maßnahmen auf Grund des Art. 8 des Zigeuner-Gesetzes gegen die Verurteilten anzuordnen seien.

Der Rechtsanwalt erhob aus diesem Anlaß Vorstellungen bei dem Bezirksamt, in denen er vorbrachte:

Art. 8 könne nicht angewandt werden, denn die Freizügigkeit gehöre nunmehr zur ausschließlichen Zuständigkeit des Reichs. Man könne zweifeln, ob darnach eine Ermächtigung der Landesgesetzgebung zur Erlassung von Rechtsnormen überhaupt noch zulässig sei. Auf keinen Fall könnten, solange eine solche Ermächtigung nach der Reichsverfassung nicht erteilt worden sei, neue im Freizügigkeitsgesetz nicht vorgesehene landesrechtliche Beschränkungen der Freizügigkeit ergehen. Es sei ganz ausgeschlossen, daß ein deutscher Staatsangehöriger, wenn er auch nicht bayerischer Staatsangehöriger sei, aus Bayern ausgewiesen werde. Er erklärte schon jetzt, daß er, wenn gegen C. die Landesverweisung ausgesprochen werden sollte, bis an den Verwaltungsgerichtshof gehen werde.

Der Vorstand des Bezirksamts beauftragte einen bei dem Bezirksamt im Vorbereitungsdienst befindlichen Referendar, das Vorbringen des Rechtsanwalts zu prüfen. Der Referendar kam zu folgendem Ergebnis:

Hinsichtlich ausländischer und staatenloser Zigeuner können landesrechtliche Normen unbeschränkt ergehen. Denn Art. 6 Ziff. 3 RV. beziehe sich nur auf die Freizügigkeit der Deutschen (Art. 111 RV.). Die Beschränkung der Freizügigkeit der Ausländer sei dem Landesrechte überlassen geblieben. Soweit es sich um Deutsche handle, sei Art. 3 Abs. 1 des Freizügigkeitsgesetzes maßgebend. Es könne ein Landesgesetz ergehen, das über die bereits bestehenden Bestimmungen hinaus die Landesverweisung vorsehe. Eine solche Landesverweisung sei zwar ausgeschlossen gegen Bayern, nicht aber gegen nichtbayerische Deutsche. In diesem Sonderfall versage die Berufung auf Art. 110 RV.

Es ist unter Würdigung sämtlicher vorgebrachter Gesichtspunkte darzulegen, ob die rechtlichen Voraussetzungen der Verurteilung und einer Verfügung nach Art. 8 des Zigeuner-Gesetzes gegeben sind. Die Stellungnahme des Verfassers ist kurz zu begründen.

Arbeitszeit: 4 Stunden.

Hilfsmittel: Buchert-Ziegler, 5. oder 4. Auflage und Nr. 17 des GVBl. 1926.

Juristische Universitätsschlußprüfung 1928/29.

Aufgabe I.

In der Stadt Feldburg war bekannt, daß es mit den Vermögens- und Eheverhältnissen des praktischen Arztes Dr. Fritz Schneider, der im Alter von 45 Jahren 1917 seine Nichte Lya geheiratet hatte, nicht zum Besten stand.

I.

Dr. Schneider hatte 1910 mit mehreren Anderen eine offene Handelsgesellschaft Hygia zum Vertrieb medizinischer Präparate gegründet, zu deren Vertretung er seit 1. April 1924 allein ermächtigt ist. Als Anfang Mai 1927 ein Gläubiger die Fabrikeinrichtung und die Warenbestände der Hygia pfänden ließ, wurde von Dr. Schneider folgender Vertrag vorgewiesen:

Feldburg, 7. Juni 1925.

Sicherungsübereignungs-Vertrag.

Als geschäftsführender Gesellschafter der offenen Handelsgesellschaft Hygia Feldburg übereigne ich hiermit zur Sicherung an

1. die Vereinsbank Feldburg,
2. den Privatier Gruber in Feldburg,
3. an den praktischen Arzt Dr. Schneider in Feldburg

die gesamte Fabrikeinrichtung und alle Warenbestände der offenen Handelsgesellschaft Hygia zum Miteigentum im Verhältnis der den unter 1—3 Aufgeführten gegen die Hygia zustehenden Forderungen. Die übereigneten Gegenstände bleiben bis auf weiteres in den Geschäftsräumen der Hygia.

Dr. Fritz Schneider.

Der Gläubiger erklärte, diese Sicherungsübereignung gehe ihn, da gegen das Gesetz verstoßend, nicht an.

1. Ist die Sicherungsübereignung rechtswirksam?
2. In welchem Verfahren ist diese Frage auszutragen?

II.

Nach einer erregten Auseinandersetzung mit seiner Frau verwies Dr. Schneider dieser in November 1927 das Haus, ohne ihr die Mitnahme von Geld oder irgendwelchen Gegenständen zu gestatten. Frau Schneider beschloß, sofort zu ihren Eltern nach Köln zurückzukehren, ging zum Metzgermeister Mayer, bei dem sie immer ihre Einkäufe besorgt hatte, und erbat sich von ihm ein Darlehen von 100 *RM* mit dem Hinweis, daß Mayer das Geld von ihrem Mann zurückverlangen solle. Mayer entsprach ihrer Bitte. Da Dr. Schneider sich ablehnend verhielt, beschloß Mayer im Januar 1928 gegen Dr. Schneider gerichtlich auf Rückzahlung des Darlehens vorzugehen, für den Fall aber, daß dies nicht zum Erfolge führen sollte, sich an Frau Schneider selbst zu halten.

Welche Ansprüche hat Mayer?

III.

Beide Ehegatten wünschten nunmehr die Scheidung. Bei den Besprechungen hierüber erklärte Frau Schneider, sie verlange vor allem Anderen von ihrem Manne die sofortige Herausgabe der Kücheneinrichtung. Mit dieser Einrichtung hatte es folgende Bewandtnis: Dr. Schneider hatte die Einrichtung an Stelle der von seiner Frau mit in die Ehe gebrachten, die unbrauchbar geworden war, im Mai 1922 gekauft; den Kaufpreis hatte er einer Summe entnommen, die ihm sein früherer Teilhaber Bauer geschenkt hatte. Bauer hatte dabei durchblicken lassen, er erwarte, daß Dr. Schneider von der Unterschlagung der Gelder der Hygia durch ihn (Bauer), von der doch nur Schneider wisse, den anderen Teilhabern gegenüber nichts verlauten lasse, dann wolle er ihm gerne einen Teil dieses Geldes überlassen. Schneider war damit einverstanden gewesen.

Ist der Anspruch der Frau Schneider begründet?

Alle Antworten sind unter Angabe der Gesetzesstellen zu begründen.

Arbeitszeit: 4 Stunden.

Hilfsmittel: Jaeger, Reichszivilgesetze, 3., 4. oder 5. Auflage. Zu Jaeger 3. Auflage RGBl. 1924 I Nr. 36. (Zivilprozeßordnung).

Aufgabe II.

I.

Der Kaufmann K. erhebt durch seinen Anwalt am 15. Juni Klage gegen den Hauseigentümer B. mit folgender Begründung:

Durch notariellen Vertrag vom 15. April habe er von B. das Haus Hauptstraße 27 für einen Preis von 67000 *RM* gekauft; die Übereignung sei auf den 1. Juni, die Übergabe auf den 1. Oktober vereinbart. B. habe sich jedoch weder am 1. Juni noch trotz Mahnung später zur Übereignung bereit gefunden. Er beantrage daher, den B. zur sofortigen Berichtigung des Grundbuchs durch seine — K. s. — Eintragung als Eigentümer, sowie zur Herausgabe des Grundstücks am 1. Oktober zu verurteilen.

B. bleibt im Verhandlungstermin vom 8. Juli aus.

Kann auf Antrag des Anwalts des K. Versäumnisurteil gegen B. nach Klagsantrag ergehen?

II.

Im Termin sind beide Parteien durch ihre Anwälte vertreten. Der klägerische Vertreter beantragt nunmehr unter Aufrechterhaltung der tatsächlichen Behauptungen der Klage Verurteilung des B. statt zur Berichtigung des Grundbuchs zur Übereignung des Hauses, ferner auch zur Herausgabe des Grundstücks am 1. Oktober.

Der Anwalt des B. wendet ein,

1. der neue Antrag bedeute eine Klageänderung, der er widerspreche;
2. die Klage auf Herausgabe sei verfrüht;

3. er fechte nunmehr den Kaufvertrag an; K. habe dem B. bei den Kaufverhandlungen wiederholt versichert, durch die Straße werde keine Straßenbahn gelegt werden; dadurch habe er B. dazu gebracht, das Haus zu einem viel niedrigeren Preis zu verkaufen; K. habe aber gewußt, daß der Bau der Straßenbahn durch diese Straße bereits in geheimer Sitzung des Stadtrats beschlossen gewesen sei; durch die Straßenbahn steige der Wert des Grundstücks wegen der günstigen Verkehrslage beträchtlich; K. habe gewußt, daß B. nie zu dem niedrigen Preis verkauft hätte, wenn er den wahren Sachverhalt gekannt hätte. Zum Beweis schiebt er dem K. den Eid über sein Verhalten zu.

Der Anwalt des K. behauptet zu 1, daß keine Klageänderung vorliege,

zu 2 weist er darauf hin, daß B. die zuerst fällige Leistung auch nicht bewirkt habe und jetzt die Erfüllung verweigere,

zu 3 bestreitet er, daß K. die von B. behauptete Versicherung über den Bahnbau abgegeben habe, und nimmt den zugeschobenen Eid für seinen Mandanten an.

Außerdem aber erklärt er, die Anfechtung sei unwirksam, da der Anwalt des Beklagten zu einer solchen Erklärung nicht bevollmächtigt sei, so wenig wie er, sie entgegenzunehmen.

1. Kann der neue Antrag des K. zugelassen werden?
2. Ist Verurteilung auf Herausgabe am 1. Oktober möglich?
3. Ist die Anfechtung wirksam erklärt?
4. Wenn das Gericht dies annimmt, welche Entscheidung hat es dann zu fällen?
5. Wenn ein rechtskräftiges Urteil auf Übereignung des Grundstücks an K. ergangen ist, wie verschafft sich K. das Eigentum am Grundstück?

Die Antworten sind unter Angabe der Gesetzesstellen zu begründen.

Arbeitszeit: 4 Stunden.
Hilfsmittel: Jaeger, Reichszivilgesetze 3., 4. oder 5. Auflage. Zu Jaeger 3. Auflage, Reichsgesetzblatt 1924 I Nr. 36 (Zivilprozeßordnung).

Aufgabe III.

Die unverehelichte zwanzigjährige Marie Schneider in Hamburg unterhielt mit dem dreiundzwanzigjährigen Schlächtergesellen Karl Hitzig daselbst ein Liebesverhältnis. Sie gewährte aber, von Hitzig unbehindert, auch vielen anderen Männern gegen Bezahlung ihre Gunst. Dieser reichlich fließende Verdienst der Schneider bestimmte Hitzig zu dem Vorschlag, sie wollten zusammen eine Wohnung mieten und gemeinsamen Haushalt führen, jeder Teil solle die Hälfte der Kosten tragen. Die Schneider ging hierauf ein. Bald aber kam es zwischen beiden zu Streitigkeiten. Die Schneider suchte die Kosten des gemeinsamen Haushalts zum größeren Teile auf Hitzig abzuwälzen, indem sie ihren Verdienst zu gering angab und sich außer Stande erklärte, mehr zu zahlen. Eine Zeit lang glückte es ihr und Hitzig trug mehr als die Hälfte der Kosten. Dann wurde er aber mißtrauisch und verlangte, daß sie die volle Hälfte zahle, weil sie mehr verdiene, als sie zugebe. Er drohte, sie zu verlassen, wenn sie die Abrede nicht einhalte. Sollte wirklich ihr Verdienst zurückgegangen sein, so liege das nur an ihr. Sie solle sich eifriger darum bemühen; sonst seien sie geschiedene Leute.

Die Schneider ließ sich hierdurch bewegen, ihren Verdienst zu steigern, um die volle Hälfte der Kosten des gemeinsamen Haushalts tragen zu können, ohne ihre sonstigen Bedürfnisse einschränken zu müssen.

Allmählich aber wurde sie des lästigen Drängers überdrüssig und fing ein Liebesverhältnis mit dem fünfundzwanzigjährigen Fabrikarbeiter Wilhelm Schade in Hamburg an. Er versprach und gewährte ihr wirksamen Schutz bei ihrem regen Verkehr mit Männern und genoß dafür ihre Gunst ohne Bezahlung. Ein beliebter Trick Schades war, daß er, wenn sich die Schneider Männern hingegeben hatte, anscheinend überraschend dazukam, den empörten Ehegatten spielte, mit Tätlichkeiten drohte und so erreichte, daß die Männer mehr zahlten, als sonst üblich war. Das Empfangene gab Schade der Schneider zu gering an. Den Rest behielt er für sich.

Dem Hitzig blieben die Beziehungen der Schneider zu Schade nicht unbekannt. Sein Verlangen, die Beziehungen abzubrechen, lehnte die Schneider ab. Nach einem heftigen Auftritt verließ er die gemeinsame Wohnung. Die Schneider rechnete aber damit, daß seine Eifersucht ihn noch einmal zurückführen und seine leichte Erregbarkeit ihn zu einer unbesonnenen Tat verleiten werde. Darauf baute sie ihren Plan, ihn aus dem Wege zu räumen. Schade sollte ihn, wenn er in die Wohnung komme, durch Schimpfworte reizen und, wenn dann Hitzig in der Wut zum Messer greife, unter Ausnützung der durch den Angriff geschaffenen günstigen Lage niederschießen. Schade ging bereitwillig auf den Plan ein, erwarb auf Anraten der Schneider einen Revolver und trug ihn stets geladen bei sich.

Als Hitzig an einem Abende in Begleitung seines gleichaltrigen Freundes Ludwig Peters in die Wohnung der Schneider eindrang, empfing ihn Schade mit einer Flut von Schimpfworten. Hierdurch wurde nicht nur Hitzig, sondern auch Peters in die größte Erregung versetzt. Gemeinsam drangen sie mit ihren im Griffe feststehenden Messern auf Schade ein. Dieser bewahrte vollständig seine Ruhe. Kaltblütig zog er den Revolver und streckte durch 2 wohlgezielte Schüsse die 2 Angreifer nieder. Bei beiden trat der Tod unmittelbar darauf ein.

I. Das Verhalten der sämtlichen genannten Personen ist strafrechtlich zu würdigen.

II. Nachdem das Urteil verkündet worden war und schon die Verhandlung einer anderen Strafsache begonnen hatte, wurde der Vorsitzende darauf aufmerksam, daß die vom Gericht beschlossene, versehentlich nicht in die Urteilsformel aufgenommene, aber bei der Begründung des Urteils erwähnte Aberkennung der bürgerlichen Ehrenrechte gegenüber Schade nicht verkündet worden war. Was hatte zu geschehen?

Arbeitszeit: 4 Stunden.
Hilfsmittel: Allfeld, Strafgesetzgebung; RGBl. Nr. 25 1924.

Jeder Kandidat hat den Text des Strafgesetzbuchs in der ihm zur Verfügung gestellten Auflage von Allfeld zugrunde zu legen, aber unterhalb des Namens auf der ersten Seite seiner Arbeit anzugeben, welche Auflage ihm vorlag.

Aufgabe IV.

1. Am 15. Februar 1928 gegen Abend ging der 64 Jahre alte, verwitwete ehemalige Gärtner Josef Huber, der seit vielen Jahren in der Gemeinde Au, Bezirksamt Obernburg im rechtsrheinischen Bayern, ansässig ist, in die unmittelbar benachbarte Stadt Obernburg, gleichen Bezirksamts, um seine dort wohnende Tochter kurz zu besuchen. Die Ortsstraße in Obernburg war durch die Erneuerung von Wasserleitungsröhren tief aufgerissen. Huber stürzte in eine nur ganz leicht zugedeckte Grube, verletzte sich schwer und wurde bewußtlos durch Kräfte des städtischen Krankenhauses Obernburg, das unmittelbar neben der Unfallstätte liegt, dorthin verbracht.

2. Huber wurde unter Beiziehung eines auswärtigen Facharztes operiert und bis zum 20. Juni 1928 im Krankenhaus behandelt. Dann begab er sich wieder an seinen Wohnsitz Au, bedarf aber auf längere Zeit noch ärztlicher Hilfe. Er ließ deshalb den Gemeinderat Obernburg durch einen Rechtsanwalt auffordern, die ärztliche Hilfe, die er ständig brauche, zu bezahlen, da sein Unfall durch die Schuld der Gemeinde und zwar durch das grobe Verschulden des städtischen Bauamtmanns Lässig eingetreten sei. Ungefähr gleichzeitig stellte der Krankenhausverwalter in Obernburg, der für das Krankenhaus eine besondere Kasse führt, an den 1. Bürgermeister den Antrag, der Krankenhausverwaltung den Aufwand für die Krankenhilfe an Huber in der Höhe von 550 *RM* aus der Kasse des Ortsfürsorgeverbandes zu ersetzen. Der 1. Bürgermeister, der in der Stadt Obernburg, als einer Gemeinde mit ehemals städtischer Verfassung, den Vorsitz im Ortsfürsorgeausschuß führt, legte beide Anträge (die Aufforderung des Huber durch seinen Rechtsanwalt und den Antrag des Krankenhausverwalters) dem Ortsfürsorge-

ausschuß vor. Auf seinen Antrag wurde am 20. Oktober 1928 folgender Beschluß einstimmung ordnungsgemäß vom Ortsfürsorgeausschuß gefaßt:

a) Der Anspruch des ehemaligen Gärtners Josef Huber auf Übernahme der Kosten der Krankenhilfe wird abgelehnt, da keinen gemeindlichen Beamten eine Schuld an dem Unfall trifft.

b) Der Rechtsanspruch der Krankenhausverwaltung auf Ersatz ihrer Aufwendung durch den Ortsfürsorgeverband wird anerkannt, da das Krankenhaus eine selbständige Anstalt der Gemeinde ist, wie das städtische Wasserwerk. Es wird deshalb der Kassenverwalter des Ortsfürsorgeverbands angewiesen, den Betrag von 550 *RM* an die Kasse des Krankenhauses zu zahlen. Die Krankenhausverwaltung hat die Summe von Huber einzufordern.

Darauf stellte die Krankenhausverwaltung Obernburg dem Josef Huber eine Rechnung über 550 *RM* Krankenhauskosten zu, mit der Aufforderung, diese Summe binnen angegebener Frist einzuzahlen. Huber übersandte diese Kostenrechnung dem Bezirksamt Obernburg, mit dem Antrag, diese Kosten zu zahlen, da er Kleinrentner sei. Der Spruchausschuß des Bezirksfürsorgeverbands Obernburg wies in ordnungsmäßig gefaßtem Beschluß diesen Antrag ab, da hier eine bürgerlichrechtliche Haftung der Gemeinde Obernburg vorliege und diese für die Kosten aufkommen müsse.

3. Mit ordnungsmäßiger Vollmacht des Josef Huber erhob der am Landgericht Hochstadt zugelassene Rechtsanwalt Meier gegen den Bezirksfürsorgeverband Obernburg, vertreten durch den Bezirksfürsorgeausschuß, Klage zum zuständigen Landgericht Hochstadt. Der hier entscheidende Antrag lautet, den Bezirk Obernburg für schuldig zu erklären, an den Kläger zur Begleichung der Forderung der Krankenhausverwaltung in Obernburg den Betrag von 550 *RM* samt näher bezeichneten Zinsen zu zahlen. Im entscheidenden Teil der Klagebegründung wird folgendes geltend gemacht: Es handle sich darum, wer für ganz bestimmte, ihrer Höhe nach außer Zweifel stehende Kosten aufkommen müsse.

Darüber könne nur einheitlich entschieden werden. Es werde nicht bestritten, daß der Kläger (Gärtner Huber) an und für sich durch die Rechtsgrundsätze des bürgerlichen Rechts verpflichtet sei, diese Krankenhauskosten zu zahlen, denn die Kosten seien tatsächlich in dieser Höhe erwachsen. Es könne weiter dahingestellt bleiben, ob sich nicht die Krankenhausverwaltung wegen der Kosten an den städtischen Bauamtmann Lässig halten müsse oder nicht. Diese Frage scheide deshalb aus, weil ein Sondergesetz ausdrücklich bestimmt habe, daß ein Kleinrentner in solchen Fällen einen Rechtsanspruch auf Hilfe gegen die vom Staat bezeichnete Rechtspersönlichkeit hat. Der Zweck der einheitlichen Entscheidung verlange, daß der Kläger sich an die Rechtspersönlichkeit wende, die letzten Endes aufzukommen hat. Das sei der Bezirksfürsorgeverband und da die Gerichte über die ersten zu entscheidenden Fragen (Zahlung der Krankenhauskosten, Haftung des Bauamtmanns Lässig) zu entscheiden hätten, gehöre der gesamte Streitgegenstand dem bürgerlichen Rechte an und die Gerichte seien zur Streitentscheidung zuständig.

4. Die Klage wurde dem Bezirksamtsvorstand ordnungsgemäß zugestellt. Das Bezirksamt Obernburg pflog weitere Erhebungen. Aus ihnen ergab sich folgendes:

Der ehemalige Gärtner Huber hatte bis zum Jahre 1926 eine Kleingärtnerei selbständig betrieben. In diesem Jahre verkaufte er zu gutem Preise die Gärtnerei gegen eine Leibrente, von der er jetzt, wenn auch sehr eingeschränkt, lebt. Irgend welches weitere Vermögen besitzt er nicht. Huber hat weder auf Grund der Vorschriften über die Krankenversicherung noch über die Invalidenversicherung einen Rechtsanspruch gegen einen Versicherungsträger. Sein einziges Kind, die mit einem Eisenbahnarbeiter verheiratete Tochter, wie ihr Ehemann, sind mittellos. Der Verdienst des Mannes reicht gerade zur Ernährung der Familie, die vier Kinder hat, aus.

Das Bezirksamt Obernburg ließ sich weiter über die Sachlage vom 1. Bürgermeister berichten. Dieser legt den Beschluß des Ortsfürsorgeausschusses vom 20. Oktober 1928 vor. Vom Bezirksamt wurde ausdrücklich klargestellt, daß der Ortsfürsorgeverband Obernburg niemals an den Ortsfürsorgeverband Au eine Anzeige über die begonnene und gewährte Unterstützung gemacht hat.

Der Bezirksbaumeister endlich erklärte in eingehendem Gutachten, daß in der Stadt Obernburg hier in ganz schwerer Weise gegen die im Verkehr übliche Sorgfalt verstoßen worden sei. Er habe selbst am Abend kurz vor dem Unfall den städtischen Bauamtmann Lässig darauf aufmerksam gegemacht, daß die Grube sofort ordnungsmäßig zugedeckt werden müsse.

Bauamtmann Lässig ist seit vier Jahren gemeindlicher Beamter nach Art. 78 GO.

5. Der Vorstand des Bezirksamts Obernburg gab dem Referendar Klug, der dort im Vorbereitungsdienst steht, den Auftrag, ihm in einem kurzen Rechtsgutachten folgende Fragen zu beantworten:

I. Ist das Landgericht zuständig? Wenn ja, was hat der Bezirksfürsorgeverband sachlich zu erwidern? Wenn nein, was ist zu tun, um alsbald eine endgültige Entscheidung über die Zulässigkeit des Rechtsweges herbeizuführen?

II. Was ist vom Standpunkt des öffentlichen Rechts aus zum Beschluß des Fürsorgeausschusses vom 20. Oktober 1928 zu sagen?

III. Welche Rechtspersönlichkeit trifft die Verpflichtung, die Krankenhauskosten zu zahlen?

IV. Welcher Weg ist für den ehemaligen Gärtner Huber gegeben, um die Kosten für die fortdauernd nötige ärztliche Hilfe zu erlangen? Kann er den Bauamtmann Lässig haftbar machen?

Aufgabe: Das Gutachten des Referendars Klug ist zu entwerfen. Dabei ist davon auszugehen, daß die Erhebungen des Bezirksamts nach jeder Hinsicht das Richtige treffen und daß die Höhe der geforderten Krankenhauskosten außer Zweifel steht. Die Angabe einzelner Bestimmungen des bürgerlichen Rechts ist ausdrücklich erlassen.

Hilfsmittel: Buchert-Ziegler 4. oder 5. Auflage und der Gesetzestext der Gemeindeordnung und Bezirksordnung.

Arbeitszeit: 4 Stunden.

Die Aufgaben
der juristischen
Universitäts-Schlußprüfung
in Bayern

Jahrgänge 1929/1930

Mit amtlicher Erlaubnis

München 1930
J. Schweitzer Verlag (Arthur Sellier)

I. Aufgabe.

Der Schreinermeister Gruber erwarb im Jahre 1926 auf Grund Kaufvertrags von dem Privatier Schuler das Anwesen Hs.-Nr. 3 an der Kirchstraße in Neustadt, als dessen Eigentümer er im Grundbuch eingetragen wurde. Auf dem Anwesen lastete an erster Rangstelle eine Hypothek ohne Brief zu 12000 *RM* für ein Darlehen der Aktiengesellschaft Industriebank Felden; an zweiter Rangstelle stand eine Hypothek ohne Brief zu 7500 *RM* für eine Kaufpreisforderung des Baumeisters Aumüller. Beide Hypotheken wurden von Gruber in Anrechnung auf den von ihm an Schuler zu zahlenden Kaufpreis übernommen. Zur Schuldübernahme erteilte die Industriebank Felden die Genehmigung, während Aumüller sie versagte.

Im Jahre 1928 empfing Gruber von dem Kaufmann Berchtold ein Darlehen von 5000 *RM*, wofür er diesem eine Briefhypothek an dem erworbenen Anwesen bestellte. Wegen eines Vollzugshindernisses wurde im Grundbuch zunächst nur der Anspruch des Berchtold auf Hypothekeinräumung vorgemerkt. Wenige Tage danach errichtete Gruber seinem Holzlieferanten Waldmann auf dessen Drängen für ein Guthaben von 800 *RM* eine Sicherungshypothek, die alsbald im Grundbuch eingetragen wurde. Später gelangte auch die Briefhypothek des Berchtold zum Vollzug.

Bei Bestellung der Briefhypothek war vereinbart worden, daß Berchtold berechtigt sein solle, sich den Hypothekenbrief vom Grundbuchamt aushändigen zu lassen. Das Grundbuchamt, das hiervon keine Nachricht erhalten hatte, stellte den Brief dem Gruber zu, der ihn dann dem Berchtold überbrachte. Berchtold hatte tags zuvor die Hypothek in einer notariell beglaubigten Erklärung an den Gastwirt Cramer abgetreten. Cramer beauftragte seinen bei Berchtold als Lehrling beschäftigten Sohn, den Berchtold um Aushändigung des Hypothekenbriefs zu ersuchen. Der Sohn sah den

Brief auf dem Schreibtisch seines Prinzipals liegen, nahm ihn, ohne diesen zu verständigen, an sich und brachte ihn seinem Vater, der glaubte, den Brief im Auftrage des Berchtold zu erhalten. Cramer übertrug alsdann die Hypothek in notariell beglaubigter Form an den Kommissionär Dorn und übergab dabei den Brief, den Dorn bei einer Bank hinterlegte. Nach einigen Wochen trat auch Dorn in einer privatschriftlichen Erklärung die Hypothek nebst dem Anspruch gegen die Bank auf Herausgabe des Briefes an den Mühlenbesitzer Eder ab. Dorn wußte nicht, wie Cramer in den Besitz des Briefes gelangt war; dagegen hatte Eder, als ihm die Hypothek abgetreten wurde, hiervon Kenntnis.

In der Folge beglich Gruber von seiner Schuld an Waldmann 300 *RM*. An der Kaufpreisforderung des Aumüller wurde ein am 1. Juli 1929 fällig gewordener Teilbetrag von 2500 *RM*, nachdem Aumüller mit Klage gedroht hatte, durch Schuler bezahlt.

Anfang August 1929 räumte Gruber dem Kaufmann Steiner zur Sicherung einer Forderung von 1750 *RM* eine Hypothek ohne Brief ein. Er händigte dem Steiner eine notariell beglaubigte Eintragungsbewilligung aus, die dieser mit einem Antrag auf Eintragung beim Grundbuchamt einreichte. Bald darauf wurde, noch vor Vollzug des Antrags, auf Betreiben der Industriebank Felden die Zwangsversteigerung des Anwesens angeordnet und das Grundbuchamt um Einschreibung des Versteigerungsvermerks ersucht. Das Grundbuchamt trug die Hypothek und hierauf den Versteigerungsvermerk im Grundbuch ein.

Von dem bei der Versteigerung erzielten Erlös entfielen 25 500 *RM* auf die am Grundstück dinglich Berechtigten. Im Verteilungstermin entstanden wegen der Verteilung dieses Betrags Meinungsverschiedenheiten. Insbesondere erhob sich Streit darüber, wer als Gläubiger der Briefhypothek zu 5000 *RM* anzusehen sei; auch wurden Bedenken gegen die Wirksamkeit der Hypothek des Steiner zu 1750 *RM* geltend gemacht.

Welche der hier genannten Personen haben nach materiellem Rechte Anspruch auf Befriedigung aus dem

Erlös und in welcher Reihenfolge und mit welchem Betrag sind sie zu berücksichtigen? Zinsen und Kosten bleiben außer Betracht.

Die Antworten sind unter Angabe der Gesetzesstellen zu begründen.

Arbeitszeit: 4 Stunden.
Hilfsmittel: Jaeger, Reichszivilgesetze.

II. Aufgabe.

I. Die Pfälzische Bank, Aktiengesellschaft, verklagt als Indossatarin eines Wechsels die offene Handelsgesellschaft Gebrüder Schütze als die Akzeptantin dieses Wechsels im ordentlichen Verfahren auf Bezahlung der Wechselsumme von 280 Mk.

Im Verhandlungstermin erscheinen ein Prozeßbevollmächtigter der Klägerin und der Gesellschafter der beklagten Gesellschaft Ludwig Schütze, der nicht zur Vertretung der Gesellschaft berechtigt ist. Er macht geltend: Der vertretungsberechtigte Gesellschafter Heinrich Schütze sei auf längere Zeit verreist. Er selbst sei aber ebenso von der Klage betroffen wie die Gesellschaft und der Mitgesellschafter. Sie alle stünden in notwendiger Streitgenossenschaft, denn die Forderung könne ihnen gegenüber nur einheitlich festgestellt werden; er könne deshalb den Termin auch für die Gesellschaft wahrnehmen. Übrigens sei kein Zweifel, daß sein Auftreten im Termin im Willen des abwesenden Heinrich Schütze liege. Gleichzeitig erklärt Ludwig Schütze, daß er mit einer ihm persönlich gegen die Klägerin aus einem Effektenkommissionsgeschäft zustehenden Gegenforderung von 320 Mk. aufrechne. Er beantragt Abweisung der Klage. Die Klägerin beantragt Erlaß eines Versäumnisurteils.

Ist dem Antrag auf Versäumnisurteil stattzugeben?

II. Gesetzt, es ist kein Versäumnisurteil ergangen. Im nächsten Verhandlungstermin erscheint für die beklagte Gesellschaft der vertretungsberechtigte Gesellschafter Heinrich

Schütze. Er erkennt die Wechselforderung an, macht aber die Aufrechnung mit der von der Klägerin nicht bestrittenen Gegenforderung des Ludwig Schütze geltend und beantragt, hierwegen die Klage abzuweisen. Die Klägerin erwidert: Die Aufrechnung sei nicht zulässig, da die Gesellschaft und deren Gesellschafter Ludwig Schütze verschiedene Rechtssubjekte seien. Auch sei die Einrede wechselrechtlich ausgeschlossen. Um die Einrede aber ganz aus der Welt zu schaffen, wolle sie — die Klägerin — auf die Wechselforderung dem Ludwig Schütze gegenüber verzichten.

Ist die Klage abzuweisen?

III. Es ist anzunehmen, daß die offene Handelsgesellschaft Gebrüder Schütze zur Zahlung verurteilt worden ist. Die Klägerin erwirkt eine vollstreckbare Ausfertigung des Urteils und erteilt dem Gerichtsvollzieher Auftrag, mit der Vollstreckung zunächst gegen den Gesellschafter Ludwig Schütze vorzugehen, weil die Gesellschaftskasse leer und die Leistungsfähigkeit des Gesellschafters Heinrich Schütze zweifelhaft sei. Der Gerichtsvollzieher findet sich in der Wohnung des Ludwig Schütze ein und will dort ein Jagdgewehr des Schütze und die Einrichtung des Salons pfänden. Ludwig Schütze bestreitet die Zulässigkeit der Vollstreckung. Seine, mit ihm im gesetzlichen Güterstande lebende Frau erhebt ihrerseits Einspruch gegen die Pfändung der Möbel, weil diese zu ihrem eingebrachten Gut gehörten, und legt dem Gerichtsvollzieher Papiere vor, die das nachweisen sollen.

Hat der Gerichtsvollzieher von der Pfändung Abstand zu nehmen? Wenn er trotzdem die Pfändung vornimmt, welche Mittel haben die Eheleute Schütze zur Wahrnehmung ihrer Rechte?

Alle Antworten sind unter Angabe der Gesetzesstellen zu begründen. Zu den Ausführungen der Beteiligten ist im Einzelnen Stellung zu nehmen.

Arbeitszeit: 4 Stunden.

Hilfsmittel: Jaeger, Reichszivilgesetze, 3., 4, 5. oder 6. Auflage. Zu Jaeger 3. Auflage RGBl. 1924 I Nr. 36 (Zivilprozeßordnung).

III. Aufgabe.

I. Die Elektriker A und B und der Musiker C waren übereingekommen, gemeinschaftlich einen Eisenbahnzug zur Entgleisung zu bringen, um sich dann über die Postsachen und Gepäckstücke herzumachen und davon soviel wie möglich als Beute mitzunehmen.

Zunächst holten sie von dem in der Nähe befindlichen Güterbahnhof eine Anzahl von Bremsklötzen, Hemmschuhen, Geleishebern und Schraubenschlüsseln und trugen sie an die Stelle des Schienenweges, der ihnen für das Attentat geeignet erschien. Gleich darauf erklärte aber C, es sei doch eigentlich schrecklich, daran denken zu müssen, daß es bei dem Vorfall auch Tote geben könne. A erwiderte ihm: im Kriege seien Millionen Menschen umgekommen, da dürfe man nicht sentimental sein, es sei zur erfolgreichen Durchführung des Planes notwendig, daß die Beamten im Post- und Packwagen durch die Entgleisung wenn auch nicht getötet, so doch wenigstens abwehrunfähig gemacht würden. B sagte: so schlimm brauche und werde es auch nicht werden, der Zug werde einfach mit einem Ruck stehen bleiben, schon das werde eine Verwirrung herbeiführen, die für ihre Zwecke genüge. Gleichwohl erklärte C, er trete von dem Unternehmen zurück, nahm sogar einen Teil der Gegenstände, die er gebracht hatte, wieder auf und trug sie auf den Güterbahnhof zurück.

Jetzt befestigten A und B einen Hemmschuh mittels eines durchgesteckten Schraubenschlüssels auf der einen Schiene, legten einen Bremsklotz dazu und versteckten sich, sahen dann aber zu ihrem Erstaunen, wie der herankommende D-Zug über die Stelle glatt hinwegfuhr. Wie sich später ergab, hatte der Geleisräumer der Lokomotive — „wie durch ein Wunder", sagten die Sachverständigen — die Hemmnisse erfaßt und beiseite geschleudert.

Durch den Mißerfolg nicht abgeschreckt, probierten es nunmehr A und B damit, daß sie in anstrengender Arbeit eine Schiene durch Entfernung der Schrauben aus der Verbindung mit dem Schienenstrang und dem Unterbau völlig loslösten, so daß ein diese Stelle befahrender Zug entgleisen mußte. Der nächste herankommende Zug entgleiste denn auch; der Lokomotivführer und zwei Reisende kamen ums Leben. A und B waren Augenzeugen des Unfalls, wagten aber nicht zu plündern, wie es ihre Absicht gewesen war.

Inzwischen hatte C mit dem Entschlusse gekämpft, die Behörde zu warnen, damit sie das Unglück noch verhüten könne, hatte sich aber dazu nicht aufraffen können. Als er aber von dem geschehenen Unglück hörte, ging er zur Polizei und gab wahrheitsgemäß an, was er wußte.

Welcher strafbaren Handlungen haben sich A, B und C schuldig gemacht?

II. Auf Antrag der Staatsanwaltschaft wurde gegen A, B und C Voruntersuchung eröffnet. Es stellte sich aber heraus, daß B unauffindbar verschwunden war. Das Hauptverfahren fand deshalb nur gegen A und C statt. In der Hauptverhandlung führte der Verteidiger des A u. a. aus: A sei im Kriege von einer Gasvergiftung und einem schweren Nervenzusammenbruch betroffen worden und habe deshalb 14 Monate im Lazarett gelegen, was wegen der Nachwirkungen für die Beurteilung seiner Persönlichkeit von Wichtigkeit sei; er beantragte den Oberstabsarzt Dr. X. zu laden und über den Lazarettaufenthalt des A zu vernehmen. Das Gericht lehnte den Antrag aber mit der Begründung ab, aus den Militärpapieren des A ergebe sich schon, daß dieser sich nur zwei Monate im Lazarett befunden habe.

Sowohl A wie C wurden zu Strafen verurteilt. Beide legten Revision ein und zwar A mit der Rüge, daß einmal Prozeß und Aburteilung gegen ihn und B gemeinschaftlich hätten erfolgen müssen; sodann daß der Beweisantrag abgelehnt worden sei. C mit der Begründung, daß die erkannte Strafe zu hoch sei.

Wie sind die Revisionen zu beurteilen?

Die Antworten sind unter Angabe der Gesetzesstellen zu begründen.

Arbeitszeit: 4 Stunden.

Hilfsmittel: Allfeld, Strafgesetzgebung; RGBl. 1924 I Nr. 25 (Strafprozeßordnung).

IV. Aufgabe.

I. In Nürnberg spielten seit Beginn des Jahres 1929 im „Gloria-Palast" zwei von der Reichsfilmprüfstelle zugelassene Filme: „Die Geschlechtskrankheiten" und „Der König", der erstere von ernstem, belehrendem, der letztere von harmlosem Inhalt mit monarchistischer Tendenz.

Als nach einiger Zeit von verschiedenen Seiten gegen den Film „Die Geschlechtskrankheiten" Proteste erhoben wurden (bei der Vorführung selbst hatte sich das Publikum bisher völlig ruhig verhalten), verbot die Nürnberger Polizeidirektion die weitere Vorführung mit der Begründung, daß bei weiterem Spielen eine wachsende Gegnerschaft zu erwarten sei und damit die Gefahr einer Störung der öffentlichen Sicherheit und Ordnung in unmittelbare Nähe gerückt werde; auch seien einzelne Zuschauer ohnmächtig geworden.

Auch der zweite Film wurde von der Polizeidirektion verboten, als Nürnberg der Tagungsort eines kommunistischen Jugendbundes wurde und es im Kino zu Radauszenen und Schlägereien zwischen den Angehörigen dieses Bundes und Angehörigen eines anderen, ausgesprochen monarchistisch eingestellten Bundes kam, die sich auf der Straße noch fortsetzten.

Der geschädigte Kinounternehmer bittet seinen Rechtsanwalt um Auskunft, ob diese polizeilichen Verbote zu Recht bestehen. Nach seiner (des Unternehmers) Ansicht seien die polizeilichen Befugnisse, soweit sie früher hier überhaupt bestanden hätten, durch den Grundsatz der Gewerbefreiheit der Reichsgewerbeordnung, durch Art. 118 RV. und durch das Reichslichtspielgesetz, das die Zensur der Filme bestimmten Reichsprüfungsstellen vorbehalten habe, beseitigt worden. Auch lägen die allgemeinen polizeilichen Voraussetzungen für ein Verbot nicht vor. Er fragt ferner, welche Mittel und Wege ihm zur Wahrnehmung seiner Rechte offen stünden und wer ihm den Schaden zu ersetzen habe.

Welche Auskunft hat der Rechtsanwalt zu erteilen? Es ist zu allen vom Unternehmer vorgebrachten Gesichtspunkten Stellung zu nehmen. Die einschlägigen Gesetzesstellen sind anzugeben.

II. Es sind die Begriffe der nach der bayerischen Gemeindeordnung von Staatsbehörden auszuübenden „Staatsaufsicht", „Sachaufsicht" und „Dienstaufsicht" näher zu erläutern und voneinander abzugrenzen, sowie kurz die Mittel zu ihrer Durchsetzung darzulegen.

Arbeitszeit: 4 Stunden.

Hilfsmittel: Ziegler-Buchert, Verwaltungsgesetze und -Verordnungen für Bayern.
Gesetz- und Verordnungsblatt 1927 Nr. 25.

FSC
www.fsc.org
MIX
Papier | Fördert gute Waldnutzung
FSC® C083411

Kolibri 360 GmbH
Ferdinand-Jühlke-Straße 7
99095 Erfurt, Deutschland
produktsicherheit@kolibri360.de